Entrenamiento deportivo basado en educación por competencias

Keb Hernández

EL LIBRO MUERE CUANDO LO FOTOCOPIAN

Amigo lector:

La obra que tiene en sus manos es muy valiosa. Su autor vertió en ella conocimientos, experiencia y años de trabajo. El editor ha procurado una presentación digna de su contenido y pone su empeño y recursos para difundirla ampliamente, por medio de su red de comercialización.

Cuando usted fotocopia este libro o adquiere una copia "pirata" o fotocopia ilegal del mismo, el autor y editor no perciben lo que les permite recuperar la inversión que han realizado.

La reproducción no autorizada de obras protegidas por el derecho de autor desalienta la creatividad y limita la difusión de la cultura, además de ser un delito.

Si usted necesita un ejemplar del libro y no le es posible conseguirlo, escríbanos o llámenos. Lo atenderemos con gusto.

EDITORIAL PAX MÉXICO

Título de la obra: *Entrenamiento deportivo basado en educación por competencias*

COORDINACIÓN EDITORIAL: Gilda Moreno Manzur
FORMACIÓN: Abigail Velasco

Av. Cuauhtémoc 1430
Col. Santa Cruz Atoyac
México DF 03310
Tel. 5605 7677
Fax 5605 7600
www.editorialpax.com

Primera edición
ISBN 978-607-9472-02-3

Impreso en México / *Printed in Mexico*

Entrenamiento deportivo basado en educación por competencias

Keb Hernández

PAX

Si esperas que el mundo conspire a tu favor
y genere las condiciones óptimas
para que hagas algo,
nunca vas a hacer nada.

Índice

Introducción

La educación en México atraviesa actualmente por un proceso de transformación, y los cambios que se observan tienen el propósito de que todos los niveles educativos se rijan por el paradigma de la educación basada en competencias (EBC).

Para lograr que los diversos campos disciplinares sean congruentes con el modelo de educación basada en competencias, es necesario conocer la historia y los principios de dicho modelo, de forma que cualquier actividad inmersa en el ámbito educativo deberá considerar las competencias como fundamento de su acción.

Uno de los objetivos centrales de este libro es exponer el enfoque de la educación basada en competencias y, en este sentido, justificar la razón de ser del deporte estudiantil en un sistema formativo basado en competencias, así como identificar el papel del deporte, el entrenamiento deportivo y sus posibles aportaciones a la EBC.

CAPÍTULO I

La Reforma de la Educación Basada en Competencias (EBC)

Para superar el rezago del sistema educativo nacional a lo largo de los años se han emprendido reformas fundamentales, entre ellas, la Reforma Integral de la Educación Básica (RIEB) y la Reforma Integral de la Educación Media Superior (RIEMS), cuyo objetivo es que todos los niveles educativos estén regidos por el enfoque de la educación basada en competencias (EBC).

Para entender los procesos que se han llevado a cabo respecto a la transformación de la educación, en este capítulo se tomará como ejemplo la Reforma Integral de la Educación Media Superior (RIEMS). En primer lugar, se trazará un esbozo de los subsistemas que constituyen este nivel.

Subsistemas educativos de la Educación Media Superior

En México, la educación media superior (EMS) está conformada por 25 subsistemas educativos con una estructura independiente en la que el perfil de egreso busca objetivos distintos y la colaboración interinstitucional es prácticamente imposible por la heterogeneidad de cada subsistema (Sistema Nacional de Bachillerato, 2008).

La formación ofrecida por las instituciones educativas persigue dos propósitos fundamentales: i) preparar a los estudiantes para un nivel de educación superior y ii) capacitarlos para desempeñarse en un campo laboral técnico. Estos propósitos se ofertan en las escuelas de manera individual o mixta; esta última modalidad abre las puertas para que el estudiante elija el camino que considere pertinente sin cancelar otras opciones.

Las instituciones más importantes del nivel medio superior son:

- Bachillerato tecnológico (Dirección General de Educación Tecnológica Industrial [DGETI], Dirección General de Educación Tecnológica Agropecuaria [DGETA] y Dirección General de Educación en Ciencia y Tecnología del Mar [DGECyTM]). Este bachillerato ofrece educación técnica en los campos industrial y agropecuario, así como en ciencia y tecnología del mar. Los jóvenes egresan con carreras técnicas registradas ante la Dirección General de Profesiones; asimismo, al concluirlo pueden seguir cursando estudios universitarios.
- Instituto Politécnico Nacional (IPN). Su oferta educativa es bivalente, esto es, permite a los jóvenes una formación para el nivel superior y desarrolla a la vez conocimientos técnicos para el campo laboral. Su gestión está controlada por el gobierno federal.
- Colegio de Bachilleres (COBACH) y Centros de Estudios Científicos y Tecnológicos (CECyTES). Ofrecen un bachillerato general en el cual se desarrollan los campos humanista, tecnológico y científico. La mitad de sus recursos proviene del gobierno federal.
- Colegio Nacional de Educación Profesional Técnica (CONALEP). Brinda bachillerato técnico y su principal característica consiste en formar estudiantes que puedan insertarse exitosamente en el campo laboral.
- Centro de Enseñanza Técnica Industrial (CETI). Forma de manera profesional a jóvenes en el área tecnológica dentro del marco de la educación científica del país.
- Dirección General de Bachillerato (DGB). Prepara estudiantes en el interior del país para incorporarlos al nivel educativo superior.
- Opciones autónomas. Están conformadas por la Escuela Nacional Preparatoria (ENP), el Colegio de Ciencias y Humanidades (CCH), pertenecientes a la Universidad Nacional Autónoma de México (UNAM), así como por universidades del interior de la república. Ofrecen formación adecuada para incursionar al nivel superior.

En la actualidad, muchas de estas instituciones han impulsado reformas educativas con el fin de que la formación de los jóvenes responda a las nuevas necesidades y retos de la sociedad. Si bien estos nuevos programas se han estructurado de modo independiente, atienden una carencia que ha existido desde siempre en nuestra educación: la escasa posibilidad de transferir el conocimiento adquirido en el aula a la vida diaria.

A continuación, se presenta una descripción breve de las reformas mencionadas.

Reforma del bachillerato tecnológico

Para mejorar la calidad educativa, disminuir la deserción escolar y el índice de reprobación, el Consejo del Sistema Nacional de Educación Tecnológica (COSNET) impulsó una reforma educativa que se basa en un modelo constructivista centrado en el aprendizaje, e instauró tres pilares:

a) Formación básica: se imparte en todos los planteles y da prioridad al estudio de la lengua inglesa y las tecnologías de la información y la comunicación (TIC).

b) Formación propedéutica: ofrece conocimientos que sirven de preparación para el nivel superior.

c) Formación profesional: según la carrera seleccionada, provee de conocimientos y habilidades para el mundo laboral.

Reforma del bachillerato general

En esta reforma se conservan los componentes básicos, propedéuticos y de formación laboral, y la educación se reorienta hacia el aprendizaje constructivista y el desarrollo de las TIC.

En el campo propedéutico, la reforma reestructura y profundiza los campos del conocimiento: económico-administrativo; humanidades y ciencias sociales; físico-matemático y químico-biológico.

En la formación laboral, las asignaturas se transforman en módulos y se adopta el enfoque de educación basada en normas de competencias laborales.

Reforma del CONALEP

Se emprendío un proceso de educación basada en competencias (EBC) que se enfoca sobre todo a la resolución de tareas específicas de su plan de estudios; las tutorías adquieren un papel destacado en este plan.

Reformas de la UNAM

Los nuevos planteamientos buscan una formación integral de los estudiantes en conocimientos, habilidades, actitudes y valores propios de la EBC, así como atender la transversalidad de los contenidos.

Reforma del IPN

En 2004 el IPN reorganizó sus 54 programas educativos con un enfoque centrado en el aprendizaje. En esta transformación se propone la conversión del profesor en facilitador del aprendizaje, y del alumno-espectador en alumno-protagonista de los procesos de aprendizaje.

Estas acciones se concretan en tres áreas que deben desarrollarse en el bachillerato: formación institucional, formación propedéutica y formación profesional, que fomentarán los valores, el trabajo colaborativo y el aprendizaje autónomo.

Como se ha señalado, estas gestiones institucionales comparten un conjunto de características, como el modelo constructivista basado en el aprendizaje; el trabajo colaborativo; la integración de conocimientos, habilidades, actitudes y valores; la orientación del conocimiento desde un contexto que afecta la vida del estudiante; el aprendizaje autónomo, y la mayor participación del dicente respecto al docente. Tales características coinciden con la educación basada en competencias, cuyos orígenes se examinarán en el siguiente apartado.

Cambios en la educación

A lo largo de la historia, la educación ha experimentado cambios no solo en lo que debe enseñarse sino en cómo debe hacerse. Desde la escuela tradicional hasta la escuela moderna o desde el conductismo hasta el constructivismo, cada modelo educativo ha intentado responder a las necesidades y características de la población, el entorno político y cultural de la época (Palacios, 1978).

Las primeras evidencias de un modelo de educación basada en competencias se pueden hallar, en Occidente, en los talleres de la Edad Media, donde se formaba a los jóvenes que no lograban entrar a una universidad (Thierry G., n.d.).

La educación basada en competencias empieza a tomar forma en la década de 1970, época en la que hubo un incremento notable del número de estudiantes en el nivel medio superior. Se pensaba entonces que la finalidad de la escuela era ofrecer a los estudiantes conocimientos que les sirvieran en el mundo real; sin embargo, los jóvenes carecían de la capacitación y las aptitudes necesarias para incursionar con éxito en el ambiente laboral. Las deficiencias actitudinales, procedimentales y conceptuales en el sector profesional llevaron a replantear el enfoque educativo, lo que se concretó en la década de 1980. Este nuevo diseño fue promovido por los gobiernos y las empresas de los países industrializados (Nueva Zelanda, Francia, Canadá, Alemania, Estados Unidos, Inglaterra, Japón, Australia e Italia). En México, el primer modelo de educación basada en competencias se implementó en el CONALEP y la DGETA en la década de 1990, cuyo objetivo era buscar una forma de hacer que los conocimientos impartidos en el aula se transfirieran de manera más eficiente al campo laboral (Gil, n.d.).

En nuestro país se han realizado distintas reformas en los subsistemas educativos, orientadas a la educación basada en competencias. En 2008 se llevó a cabo una Reforma Integral de la Educación Media Superior (RIEMS) para crear un sistema nacional de bachillerato que, mediante un enfoque constructivista centrado en el aprendizaje y la EBC, consolidara un perfil de egreso común a todas las instituciones educativas, es decir, que estableciera un marco curricular común en el cual se desarrollaran 11 competencias genéricas en los estudiantes de cualquier subsistema del nivel medio superior, más las competencias disciplinares y propedéuticas de cada centro educativo en función de sus características.

En el plano internacional, muchos países han adoptado la EBC desde hace algunos años. Italia, por ejemplo, puso en marcha una reestructuración de su sistema medio superior en 1995 y 2005, con la que pudo integrar sus instituciones educativas en un mismo sistema.

España estableció en 1992 una serie de "Enseñanzas mínimas para el bachillerato", sin importar el campo temático, que integran habilidades, actitudes y conocimientos para emplearlos en la vida.

Francia es otro país de la Unión Europea que emprendió una reforma integral basada en competencias. En 2006 definieron las competencias básicas que debían desarrollarse de acuerdo con el nivel educativo. La EBC las organiza en las siguientes áreas: matemáticas, tecnologías de la información y la comunicación, lengua francesa, cultura humanista, autonomía e iniciativa, lengua extranjera, competencias sociales y cívicas, y cultura científica y tecnológica.

En Latinoamérica, Chile ha sido uno de los precursores de la EBC. En la década de 1990 realizó una revisión de la calidad educativa que comprendía tanto la infraestructura como la gestión docente y la estructura curricular; por medio de este proceso se establecieron las siguientes competencias básicas: aptitudes cognitivas (capacidad de abstracción, pensamiento sistémico, aprendizaje, innovación y creación), conocimientos básicos (del medio natural y social, las artes, la tecnología, la trascendencia de sí mismo), capacidades fundamentales (de lenguaje, comunicación y cálculo), disposiciones personales y sociales (referidas al desarrollo personal, autoestima, solidaridad, trabajo en equipo, autocontrol, integridad, capacidad de aprender, responsabilidad individual, entre otras).

En Argentina la educación media superior se establece en contenidos básicos comunes, en una formación llamada polimodal. En este sistema los estudiantes pueden escoger entre cinco opciones educativas relacionadas por una misma estructura de base, lo que permite mayor vinculación interinstitucional.

La estructura de los contenidos básicos está conformada así: ciencias sociales; lenguajes artísticos y comunicacionales; formación ética y ciudadana; ciencias naturales; lengua extranjera; humanidades; matemáticas; lengua y literatura, y educación física.

Estos países han empezado a generar una transformación en su educación, lo que no es un proceso fácil ni rápido; requiere una compleja organización y el establecimiento de una serie de pautas claras y concisas.

México también ha gestionado acciones para lograr un cambio hacia la educación basada en competencias y, como se señaló arriba, nos apoyaremos en la formulación de la RIEMS para entender este proceso.

La reforma educativa en la EMS de México

La Reforma Integral de la Educación Media Superior (RIEMS) se dirigió a brindar a los estudiantes una formación que les permita utilizar al máximo los conocimientos académicos en el mundo real, establecer acuerdos que faciliten la colaboración interinstitucional y generar una identidad común en el nivel medio superior que simplifique el libre tránsito de los jóvenes entre subsistemas.

Esta Reforma implicó la consulta y la participación de diversos organismos como la Asociación Nacional de Universidades e Instituciones de Educación Superior (ANUIES), autoridades educativas estatales, consejeros especialistas de la SEP y especialistas educativos. Mediante el Acuerdo 442 se estableció el sistema nacional de bachillerato en un marco de diversidad. A continuación, se expondrán los puntos más importantes del Acuerdo 442 respecto a la Reforma Integral de la Educación Media Superior.

La RIEMS destaca tres retos que deben resolverse para lograr su proyección y accionar: cobertura, calidad y equidad.

Cobertura

En 2010 el número de jóvenes entre 16 y 18 años alcanzó su máximo histórico, 6 303 361, en comparación con el de 1980, que era de 4 658 034 (Proyecciones de población CONAPO. Base 2006 para datos 2000-2020, y base 2002 para datos 1980 y 1990, en el Acuerdo 442). Para el ciclo escolar 2012-2013 la tasa de graduación fue de 49.1% (Sistema para el análisis de la estadística educativa. Versión 5.0, Dirección de Análisis DGPP, SEP, en el Acuerdo 442), lo cual representa un índice menor del que tenían los países de la Organización para la Cooperación y el Desarrollo Económicos (OCDE) a fines de la década de 1970; si esta tendencia se mantiene, México tendrá un rezago educativo de 50 años.

Estos datos per se justifican la intervención en el problema a través de una reforma educativa. En el Cuadro 1.1 se presenta el indicador de cobertura del nivel medio superior. La tasa de absorción se define como el número de alumnos que ingresan a la EMS respecto a los que salen de secundaria, en tanto que la eficiencia terminal se define como el porcentaje de estudiantes que egresan de la EMS respecto a los que ingresaron tres años antes.

Cuadro 1.1 Indicadores de cobertura de la educación media superior
Cifras nacionales

Ciclo escolar	Egresados de secundaria	Tasa de absorción, %	Deserción, %	Eficiencia terminal, %	Cobertura, %
1990-1991	1,176,290	75.4	18.8	55.2	35.8
1995-1996	1,222,550	89.6	18.5	55.5	39.4
2000-2001	1,421,931	93.3	17.5	57.0	46.5
2005-2006	1,646,221	98.2	17.0	59.6	57.2
2006-2007	1,697,834	98.3	16.7	59.8	58.6
2007-2008	1,739,513	98.3	16.6	60.0	60.1
2010-2011	1,803,082	98.4	16.3	60.6	63.4
2012-2013	1,805,863	98.5	16.0	61.1	65.0
2015-2016	1,800,839	98.6	15.8	61.6	69.3
2020-2021	1,747,103	98.8%	15.4%	62.2%	75.9%

Fuente: Sistema para el análisis de la estadística educativa (SisteSep).Versión 5.0, Dirección de Análisis DGPP, SEP en el Acuerdo 442.

Si comparamos la cobertura de educación media superior en México con la de otros países, el nuestro se ubica entre los de más baja cobertura. Corea e Irlanda se ubican entre los de mayor cobertura y esto se ve reflejado en su crecimiento económico. Otros países con características similares a las de México, como Brasil y Chile, también tienen mejores cifras (ver gráfica 1.1.).

Gráfica 1.1 Población que concluyó la Educación Media Superior (2004)
Porcentaje por grupo de edad

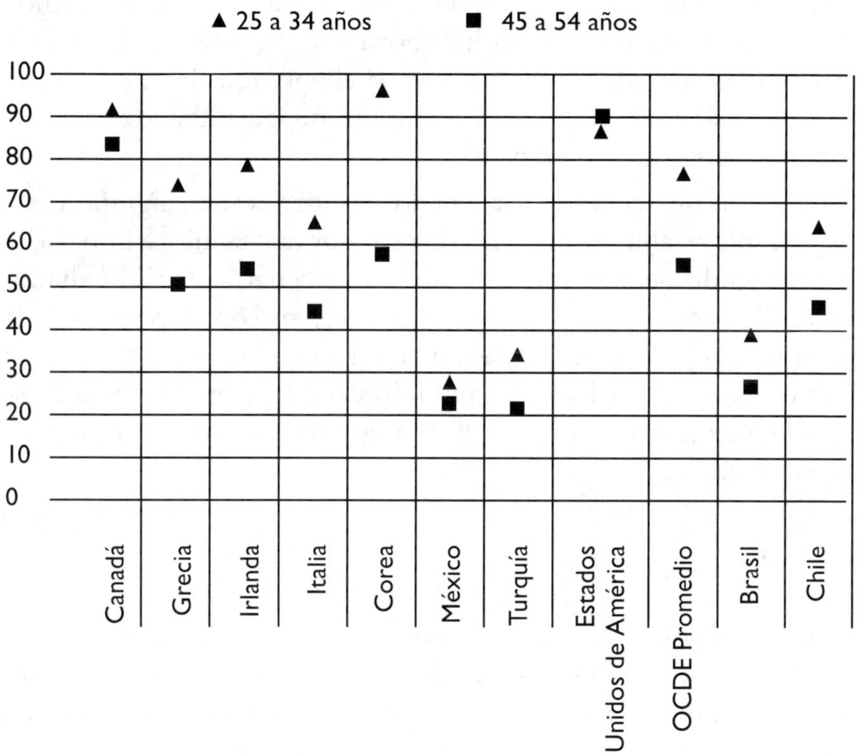

Fuente: Education at a Glance, Anexo 3, OCDE, 2006 (www. oecd.org/edu/eag2006).

Si bien la EMS de México ha incrementado su capacidad de captación de alumnos egresados de secundaria, el problema continúa siendo la deserción de los estudiantes de bachillerato. Por tanto la cobertura debe acompañarse de otros factores que garanticen una mayor eficiencia terminal; y estos se abordan también en la reforma.

Calidad

La educación que se imparte en los planteles de EMS adolece de una pobre transferencia de conocimientos para enfrentar las tareas de la vida diaria; además, los estudiantes hallan poco sentido en los aprendizajes y pierden pronto el interés por seguir en la escuela. Para entender mejor este fenómeno, recurramos a una de las premisas de la educación: "El ser humano aprende en función de sus necesidades", y si el alumno no encuentra ninguna utilidad en los abordajes cognitivos, prestará poca atención a las actividades. En cambio, si el aprendizaje es significativo representará sin duda un aliciente para continuar estudiando; la utilidad le confiere valor a su esfuerzo.

Para lograr que el aprendizaje de los estudiantes sea significativo, es indispensable establecer un perfil de profesor que facilite e impulse este tipo de aprendizaje, esto es, un profesor que genere interés mediante la solución de necesidades y con características psicopedagógicas de formación propias del nivel. Tomando en cuenta lo anterior, los docentes que ya estén dentro del sistema tendrán la obligación de actualizarse y los de nuevo ingreso deberán cumplir con los estándares mínimos de competencia.

Equidad

Uno de los mayores retos de la reforma es la equidad. Un elevado porcentaje de los estudiantes que abandonan la escuela son jóvenes de bajos recursos y al menos 40% de ellos reporta la deserción por falta de interés; tampoco ven ninguna vinculación entre el conocimiento y su utilidad para mejorar la calidad de vida (ver gráfica 1.2). Asimismo, este sector socioeconómico recibe con frecuencia una deficiente educación en el nivel básico, por lo que al llegar a la EMS sus lagunas de conocimientos son determinantes para abandonar la escuela; se sienten frustrados y van perdiendo el gusto por estudiar.

Mejorar la calidad de la educación en el nivel medio superior implica, sobre todo, mejorar la educación en el nivel básico, para que las lagunas de aprendizaje sean menos marcadas. Asimismo, los contenidos deben buscar una orientación más práctica para la vida o, en otros términos, la formación de la EMS debe constituirse en una herramienta para conseguir una mejor calidad de vida. Cabe destacar también que para transformar la percepción de la poca utilidad de una formación media superior y superior, el gobierno debe diseñar estrategias que fomenten las iniciativas

Gráfica 1.2 Causas de abandono escolar de los jóvenes de entre 15 y 19 años

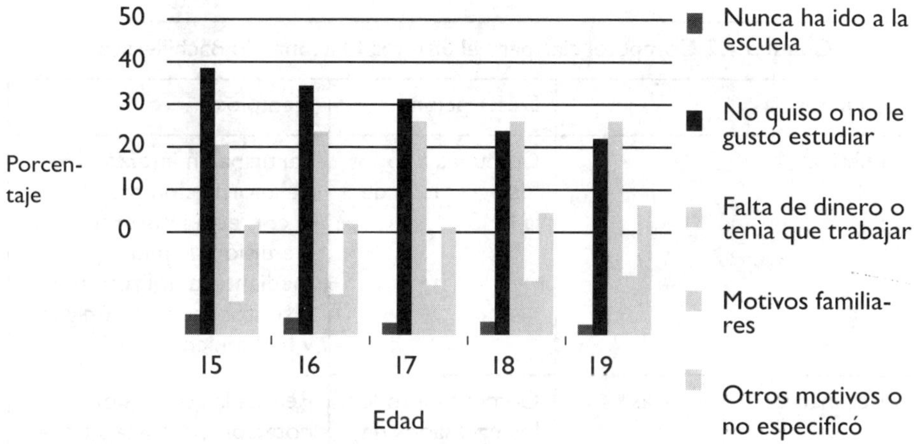

Fuente: Subsecretaría de Educación Media Superior, con base en el Censo 2000.

empresariales, la investigación científica, abrir fuentes de trabajo que fortalezcan la formación académica y el establecimiento de puestos o cargos laborales de acuerdo con el perfil educativo, pues ignorar estos esfuerzos hace que la educación carezca de sentido para la ciudadanía.

Con la finalidad de establecer un perfil de egreso común a todos los subsistemas, sin perder de vista las peculiaridades de cada institución, se realizó un análisis de las reformas recientes del nivel medio superior, considerando también las carencias educativas y las exigencias que enfrenta nuestra sociedad actual.

Con base en estas acciones se conformó un sistema nacional de bachillerato (SNB) que regula a todas las escuelas y se definieron cuatro ejes para la gestión y la proyección de la RIEMS.

Primer eje

El primer eje se refiere a la construcción de un marco curricular común fundamentado en competencias, entendidas como los desempeños esperados de los alumnos egresados de la EMS; estas se clasifican en: competencias genéricas, competencias disciplinares y competencias profesionales.

En el Cuadro 1.2, tomado del Acuerdo 442, se ofrecen algunos ejemplos de los tres tipos de competencias.

Cuadro 1.2 Competencias para el Sistema Nacional de Bachillerato			
Competencias		Descripción	Ejemplos
Genéricas		Comunes a todos los egresados de la EMS	Participa en intercambios de información basados en la correcta interpretación y emisión de mensajes mediante la utilización de distintos medios, códigos y herramientas
Discipinarias	Básicas	Comunes a todos los egresados de la EMS	Realiza la conversión de notación científica y notación ordinaria y viceversa
	Extendidas	Especificas de los distintos subsistemas de la EMS	Obtiene las derivadas sucesivas de una función
Profesionales	Básicas	Formación elemental para el trabajo	Opera equipo de oficina conforme a los manuales y requerimientos establecidos
	Extendidas	Para el ejercicio profesional	Aplica medidas de control contable, financiero y fiscal interno de una empresa u organización conforme a sus principios y normatividad establecida

Fuente: Tomado del Acuerdo 442*, Cuadro III 1.8, Competencias para el Sistema Nacional de Bachillerato.

Otro objetivo del marco curricular común es que sea una estructura flexible que dé cabida y respete la pluralidad de los subsistemas. Si bien se debe establecer una identidad común de la EMS, cada subsistema adecuará los principios de acuerdo con sus posibilidades, necesidades y oferta educativa; esto se enuncia de manera más clara en los llamados niveles de concreción.

Gráfica 1.3 Niveles de concreción curricular del SNB

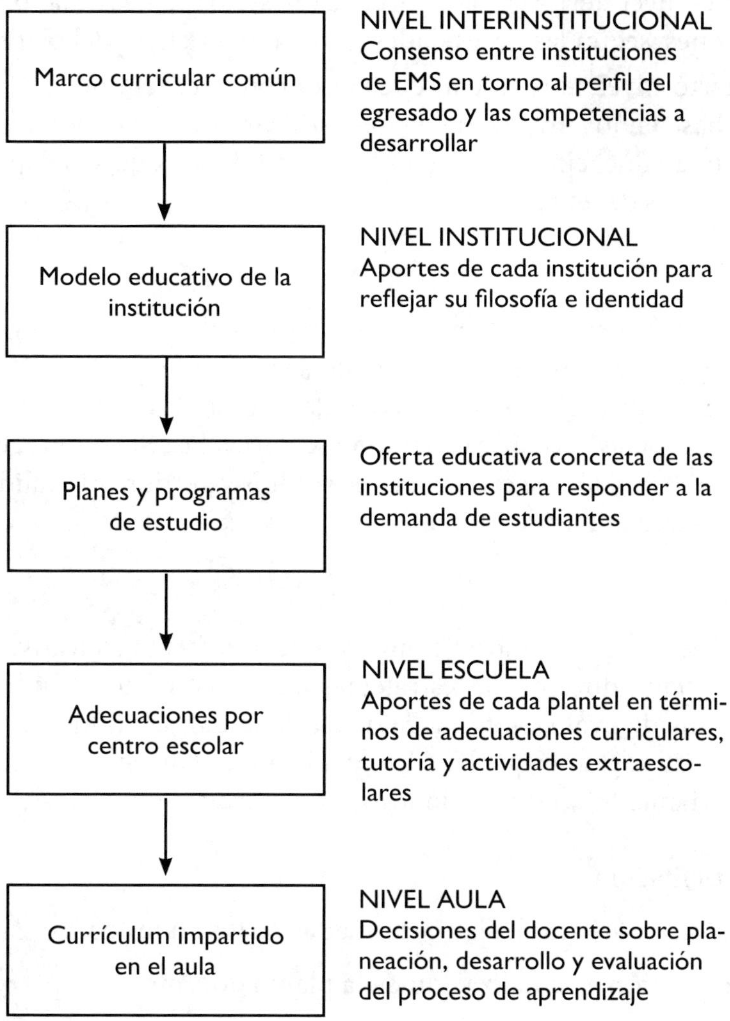

Fuente: Tomado del Acuerdo 442, Diagrama III.1.6, Niveles de concreción curricular del SNB.

El primer nivel se formuló para que las instituciones de nivel medio superior establecieran una serie de competencias que los alumnos deben desarrollar al egresar de la EMS.

En el segundo nivel, las instituciones coordinaron y enriquecieron sus planes de estudio con las competencias ya establecidas.

El tercer nivel aterriza y hace adecuaciones a los planes de las primeras concreciones, según las necesidades y las características del plantel.

El cuarto nivel se refiere al cuerpo docente, en el que cada profesor, con base en los niveles anteriores, utilizará sus conocimientos para facilitar una educación enfocada en el aprendizaje que se adapte a las peculiaridades del entorno.

Segundo eje

El segundo eje atiende la regulación de los diversos subsistemas y ofertas educativas por medio del SNB. Con ello se pretende que la EMS avance en una misma dirección, sin necesidad de cambiar las ofertas educativas o las modalidades escolarizadas o no escolarizadas. Sin embargo, debe ser clara la definición de cada plan de estudios y gestionar la calidad y el apego al marco curricular común.

Tercer eje

El tercer eje se enfoca al fortalecimiento de la reforma educativa, como la actualización docente, las estrategias para asistir a los estudiantes y los procesos de evaluación. La reforma debe dar seguimiento a estos aspectos para asegurar que las transformaciones educativas se efectúen satisfactoriamente, y estas acciones se resumen en seis puntos:

- Orientación
- Tutoría y atención a las necesidades de los alumnos
- Formación y actualización de la planta docente
- Mejorar las instalaciones y el equipamiento profesional
- Evaluación del sistema de forma integral
- Implementación de mecanismos para el tránsito entre subsistemas

Cuarto eje

El cuarto eje trata sobre la creación de una certificación nacional por medio del SNB; tal certificación avala, sin importar el plan de estudios o subsistema que se haya cursado, que el alumno cuenta con una serie de conocimientos, habilidades y actitudes comunes a las demás instituciones. Para lograr esto, los ejes anteriores deberán estar ya consolidados y las escuelas cubrir los márgenes de estándares mínimos.

En el contexto del análisis de necesidades, se estipularon tres principios básicos: reconocimiento universal de todos los subsistemas, pertenencia y relevancia de planes de estudio, y tránsito de estudiantes.

a) Reconocimiento universal de todas las modalidades y subsistemas del bachillerato.

Respetando la diversidad y la pluralidad de planes de estudio o modalidades educativas, todas las instituciones de nivel medio superior deben brindar una base común de conocimientos que sean transferibles y transversales.

b) Pertinencia y relevancia de los planes de estudio.

Los conocimientos impartidos en las escuelas de nivel medio superior deben ser compatibles con las competencias genéricas establecidas en el marco de la RIEMS, y los aprendizajes deberán relacionarse con los contextos de la vida del joven, para que perciba los procesos educativos como llaves que lo ayudarán a entender y transformar su realidad.

c) Tránsito de estudiantes entre subsistema y escuelas.

Una de las causas principales que lleva a la deserción escolar es el difícil tránsito de una institución a otra, y esto puede deberse al cambio de domicilio o la pérdida de interés en la oferta académica de la escuela, entre otras razones. Con frecuencia, el estudiante tiene que incorporarse a un nuevo centro de estudios desde cero, es decir, sin poder revalidar materias y empezando desde el primer semestre; la consecuencia es que muchos jóvenes optan por el camino de la deserción. La reforma pretende eliminar estas murallas administrativas con base en una formación por competencias común a todas las escuelas de la EMS y que, al mismo tiempo, respete sus particularidades.

CAPÍTULO 2

ENTENDER LAS COMPETENCIAS

Además de puntualizar los antecedentes de la educación basada en competencias (EBC), es importante profundizar en la conceptualización de estas competencias en los procesos que la reforma educativa de México pretende llevar a cabo. En este capítulo se ofrece una definición detallada de cuáles son las competencias genéricas, disciplinares y profesionales que se desea formar en los jóvenes del nivel medio superior de nuestro país.

En primer lugar, conviene precisar qué entenderemos por competencia para evitar concepciones equívocas. La que adoptaremos en este libro se refiere a la integración de conocimientos, habilidades y actitudes dirigidas a resolver un problema de la vida diaria. Así, una persona es competente en tanto puede desempeñarse adecuadamente en algún campo de conocimiento.

El concepto de competencia, según el profesor de la Facultad de Psicología de Ginebra, Philippe Perrenoud, representa la "capacidad de movilizar un conjunto de recursos cognitivos (conocimientos, capacidades, información, etc.) para enfrentar con pertinencia y eficacia situaciones diversas" (Gentile, n.d.). Somos competentes cuando utilizamos nuestro conocimiento para enfrentar una situación, como hallar una calle en una ciudad desconocida, y nos valemos de experiencias previas que nos ayudan a resolver el problema.

El profesor emérito del Instituto Tecnológico de Massachusetts, Noam Chomsky y Frederic Skinner, doctor por Harvard, fueron los primeros en utilizar el término competencia. En 1970 Chomsky habló de competencia lingüística para referirse a los procesos mentales que culminan en actos comunicativos. Skinner nos habla de competencia, como un término que resalta las principales características de una persona para ser eficiente en la consecución de un acto; es tal vez por esta orientación que esta concepción se ha utilizado en el ámbito organizacional (Aldana, 2010).

La psicología cultural, con autores como Hymes (1996), Vigotsky (1985), Hernández (1998) y Tobón (2006), coinciden en que la competencia se forma a partir de interacciones de la mente con el entorno, es decir, el pensamiento está fuertemente influido por el ambiente y las personas que interactúan con el sujeto (Tobón, 2006).

Desde la psicología cognitiva, Sternberg (1997) hace otra aportación fundamental a las competencias: la inteligencia práctica se relaciona íntimamente con la habilidad para resolver y ejecutar una tarea sin necesidad de razonamientos más elaborados.

Al revisar la literatura sobre el tema de competencias, se advierte que existen múltiples abordajes. Su empleo no está acotado, desde luego, al ámbito psicopedagógico, también en el campo empresarial, y en las corrientes de la globalización, ha habido aportaciones relevantes.

Perrenoud postuló 10 competencias para la enseñanza (Société Pédagogique Romande, 1997 y 1998) que, como aclara, son subjetivas pues se formulan con base en ideologías y teorías; sin embargo, estos dominios son altamente enriquecedores en la formación del profesor de primaria. Para su desarrollo divide las competencias en dos niveles. El primero se denomina referencial y está organizado en 10 postulados. El segundo nivel se llama estructural y está constituido por 44 competencias específicas, que pueden ampliarse al profesor de secundaria.

A continuación, se exponen las competencias del primer nivel y una breve explicitación de su contenido.

- Organizar y alentar las situaciones de aprendizaje. No basta con tener el dominio de los conocimientos y exponerlos; es preciso que, partiendo de cogniciones previas, los saberes se orienten a situaciones de interés para el alumno.
- Gestionar la progresión de los aprendizajes. La educación debe aplicarse en procesos reflexivos y no memorísticos; se requiere que la situación problema sirva de punto de partida y se considere tanto la progresión individual como las características del grupo.
- Elaborar y hacer evolucionar dispositivos de diferenciación. El docente debe generar dinámicas y estrategias que atiendan las distintas capacidades de los alumnos, así como formar grupos que interactúen para la resolución de tareas.

- Implicar a los alumnos en sus aprendizajes y su trabajo. Es indispensable considerar los intereses del alumno y los fenómenos que afectan su vida, y con base en ello, diseñar actividades que le den sentido al aprendizaje y favorecer reuniones en las que el estudiante exprese lo que le interesa conocer.

- Trabajar en equipo. Se promoverá que las actividades académicas se realicen en equipo, asignando roles específicos a cada integrante. Con la orientación del profesor, se abordarán los conflictos tanto internos como externos.

- Participar en la gestión de la escuela. Generar vínculos de retroalimentación con las autoridades escolares y establecer proyectos que atiendan las carencias pedagógicas.

- Informar e implicar a los padres. Todo proceso educativo que desee trascender debe considerar la participación activa de los padres, quienes tendrán que involucrarse en reuniones y actividades que potencialicen los esfuerzos generados.

- Utilizar las nuevas tecnologías. Los archivos multimedia, el software y la amplia gama de recursos que se pueden realizar en Internet son herramientas que deben utilizarse para complementar las estrategias en el aula.

- Afrontar los deberes y los dilemas éticos de la profesión. No es suficiente con aprender conocimientos u acciones, el docente debe incorporar elementos éticos en su práctica educativa cotidiana: el bienestar común por encima del individual, el compromiso, la solidaridad, entre otros. El profesor tiene la obligación de fomentar esas virtudes y esos valores, que tienden desdibujarse en las sociedades actuales.

- Organizar la propia formación continua. Buscar medios y metodologías que se mantengan a la vanguardia educativa, estar informado de las nuevas exigencias y necesidades del mundo contemporáneo.

Para tener una idea más clara de cómo se forman las competencias se describirá de manera breve el proceso de construcción que siguió la Comisión Europea en la elaboración de competencias.

Creación de las competencias clave en la Unión Europea

En el año 2000, el Consejo Europeo de Lisboa (Comisión Europea, 2010) se planteó la meta de desarrollar su economía con base en una mejor educación que incrementara la calidad de vida e incentivara la participación grupal. Se conformó para ello una comisión que pudiera establecer destrezas básicas de formación continua, como trabajo colaborativo, tecnologías de la comunicación y la información (TIC), lenguas extranjeras, entre otros. Posteriormente, consejos como el de Estocolmo incorporaron la meta del desarrollo económico en tres objetivos estratégicos: accesibilidad, calidad y flexibilidad; el Consejo de Barcelona incluyó nuevas destrezas al plan original.

Los tres objetivos estratégicos se desglosaron en 13, que fueron analizados por expertos del Consejo Europeo con el fin de identificar cuáles eran las destrezas básicas y cómo se podrían incorporar al currículum escolar. En 2004 se presentó un informe en el que se proponía una serie de competencias clave y, de manera paralela, la Organización para la Cooperación y el Desarrollo Económicos (OCDE) presentó el proyecto Definición y Selección de Competencias (DeSeCo) con la intención de identificar competencias clave para el desarrollo a lo largo de la vida.

El informe de la Red Europea de Información sobre Educación (Eurydice) hace hincapié en que las competencias escolares sean transversales, es decir, que tengan afinidad con cualquier asignatura. Así, después de una ardua revisión y un trabajo consensuado, se establecieron ocho competencias clave para la vida. Su propósito es brindar una formación que facilite la integración grupal para la resolución de tareas, el desarrollo personal y la adquisición de conocimientos útiles en el contexto diario.

El término competencia sustituyó al de destreza, pues se consideraba que este último no englobaba todas las cualidades del aprendizaje que se pretendía estimular; la competencia no se refiere solo a las destrezas sino también a los conocimientos, las aptitudes y las actitudes.

De acuerdo con el trabajo realizado por las comisiones europeas, una competencia debe poseer tres características:

a) Estimular el desarrollo personal del individuo y despertar el interés por realizar actividades que redunden en salud psíquica, psicológica y física (capital cultural).

b) Fomentar la participación en pro del bienestar social (capital social).

c) Guiar en la selección de un empleo que atienda los intereses y las necesidades de cada persona (capital humano).

Las competencias clave son transversales y aplicables a cualquier contexto de la vida; su aprendizaje en los niveles educativos debe permitir que, al final, el estudiante busque seguir transformando sus saberes en estados cognitivos superiores que le permitan comprender y manejar la realidad en que se desenvuelve.

Las ocho competencias clave se propusieron para desarrollarse en los campos: educación obligatoria, educación para adultos, grupos en riesgo de exclusión social como inmigrantes, estudiantes con deficiencias educativas y educación para alumnos con necesidades especiales.

En el cuadro 2.1 se presentan las ocho competencias clave de manera global. Para conocer la descripción de los conocimientos, las destrezas y las actitudes correspondientes a cada dominio, el lector puede revisar el Cuadro 2 del texto "Puesta en práctica del programa de trabajo Educación y Formación 2010", disponible en el sitio eur-lex.europa.eu.

Cuadro 2.1 Ocho competencias clave

Competencias	Definición
Comunicación en la lengua materna	La comunicación es la habilidad para expresar e interpretar pensamientos, sentimientos y hechos, tanto de forma oral como escrita (escuchar, hablar, leer y escribir), y para interactuar lingüísticamente de forma apropiada en una amplia gama de contextos sociales y culturales: educación y formación, trabajo, hogar y ocio.

Comunicación en una lengua extranjera	La comunicación en lenguas extranjeras comparte de forma general las principales dimensiones de las destrezas de comunicación en la lengua materna; está basada en la habilidad para comprender, expresar e interpretar pensamientos, sentimientos y hechos tanto de forma oral como escrita (escuchar, hablar, leer y escribir) en una gama apropiada de contextos sociales– trabajo, hogar, ocio, educación y formación– de acuerdo con los deseos y las necesidades de cada uno. La comunicación en lenguas extranjeras también necesita destrezas tales como la mediación y el entendimiento intercultural. El grado de habilidad variará entre las cuatro dimensiones, entre las diferentes lenguas y conforme con el entorno y la herencia lingüística del individuo.
Competencia matemática y competencias básicas en ciencia y tecnología	La alfabetización numérica es la habilidad para usar la suma, resta, multiplicación, división y razón en el cálculo mental y escrito para resolver una serie de problemas en situaciones cotidianas. Se enfatiza el proceso más que el resultado, y la actividad más que el conocimiento. La alfabetización científica se refiere a la habilidad y la disposición para usar la totalidad de los conocimientos y la metodología empleada para explicar el mundo natural. La competencia en tecnología se define como el entendimiento y la aplicación de esos conocimientos y metodología con objeto de modificar el entorno natural en respuesta a deseos o necesidades humanas.
Competencia digital	La competencia digital implica el uso confiado y crítico de los medios electrónicos para el trabajo, el ocio y la comunicación. Estas competencias están relacionadas con el pensamiento lógico y crítico, con destrezas para el manejo de información de alto nivel, y con el desarrollo eficaz de las destrezas comunicativas. En el nivel más básico, las destrezas de TIC comprenden el uso de tecnologías multimedia para recuperar, evaluar, almacenar, producir, presentar e intercambiar información, y para comunicar y participar en foros a través de Internet.
Aprender a aprender	Aprender a aprender comprende la disposición y la habilidad para organizar y regular el propio aprendizaje, tanto individualmente como en grupos.

Aprender a aprender	Incluye la habilidad de organizar el tiempo propio de forma efectiva, de resolver problemas, de adquirir, procesar, evaluar y asimilar conocimientos nuevos, y de ser capaz de aplicar nuevos conocimientos en una variedad de contextos, como el hogar, el trabajo, la educación y la formación. En términos más generales, aprender a aprender contribuye enormemente al manejo de la vida profesional propia.
Competencias interpersonales y cívicas	Las competencias interpersonales comprenden todo tipo de comportamientos que un individuo debe dominar para ser capaz de participar de forma eficiente y constructiva en la vida social, y para poder resolver conflictos cuando sea necesario. Las destrezas interpersonales son necesarias para que haya una interacción efectiva individualizada o en grupos, y se emplean tanto en el ámbito público como en el privado.
Espíritu emprendedor	El espíritu emprendedor tiene un componente activo y otro pasivo: comprende tanto la capacidad para inducir cambios como la habilidad para acoger, apoyar y adaptarse a los cambios debidos a factores externos. El espíritu emprendedor implica ser responsable de las acciones propias, ya sean positivas o negativas, el desarrollo de una visión estratégica, marcar y cumplir objetivos y estar motivado para triunfar.
Expresión cultural	La expresión cultural implica poder apreciar la importancia de la expresión de ideas de forma creativa en una serie de medios de expresión, incluyendo la música, expresión corporal, literatura y artes plásticas.

Las competencias en México

Para la construcción de las competencias genéricas y disciplinares en el nivel medio superior de México, la Secretaría de Educación Pública (SEP) solicitó el apoyo de la Asociaciación Nacional de Universidades e Instituciones de Educación Superior (ANUIES), las autoridades educativas estatales, los consejeros especialistas de la SEP y especialistas educativos, lo que dio como resultado la creación de 11 competencias genéricas, establecidas en 2008 en el Acuerdo 444 del Diario Oficial de la Federación (DOF).

Dichas competencias marcan la pauta en cualquiera de los subsistemas del nivel medio superior, sin importar su oferta académica o los planes de estudio.

A continuación se enlistan los 11 dominios de conocimiento que fueron resultado del trabajo antes mencionado.

Cuadro 2.2 Once dominios de conocimiento		
Competencia	Número	Atributos
Se autodetermina y cuida de sí	1. Se conoce y valora a sí mismo y aborda problemas y retos teniendo en cuenta los objetivos que persigue.	Enfrenta las dificultades que se le presentan y es consciente de sus valores, fortalezas y debilidades.
		Identifica sus emociones, las maneja de manera constructiva y reconoce la necesidad de solicitar apoyo ante una situación que lo rebase.
		Elige alternativas y cursos de acción con base en criterios sustentados y en el marco de un proyecto de vida.
		Analiza críticamente los factores que influyen en su toma de decisiones.
		Asume las consecuencias de sus comportamientos y decisiones.
		Administra los recursos disponibles teniendo en cuenta las restricciones para el logro de sus metas.
	2. Es sensible al arte y participa en la apreciación e interpretación de sus expresiones en distintos géneros.	Valora el arte como manifestación de la belleza y expresión de ideas, sensaciones y emociones.
		Experimenta el arte como un hecho histórico compartido que permite la comunicación entre individuos y culturas en el tiempo y el espacio, a la vez que desarrolla un sentido de identidad.
		Participa en prácticas relacionadas con el arte.
	3. Elige y practica estilos de vida saludables.	Reconoce la actividad física como un medio para su desarrollo físico, mental y social.

		Toma decisiones a partir de la valoración de las consecuencias de distintos hábitos de consumo y conductas de riesgo.
		Cultiva relaciones interpersonales que contribuyen a su desarrollo humano y el de quienes lo rodean.
Se expresa y se comunica	4. Escucha, interpreta y emite mensajes pertinentes en distintos contextos mediante la utilización de medios, códigos y herramientas apropiados.	Expresa ideas y conceptos mediante representaciones lingüísticas, matemáticas o gráficas.
		Aplica distintas estrategias comunicativas según quienes sean sus interlocutores, el contexto en el que se encuentra y los objetivos que persigue.
		Identifica las ideas clave en un texto o discurso oral e infiere conclusiones a partir de ellas. Se comunica en una segunda lengua en situaciones cotidianas.
		Maneja las tecnologías de la información y la comunicación para obtener información y expresar ideas.
Piensa crítica y reflexivamente	5. Desarrolla innovaciones y propone soluciones a problemas a partir de métodos establecidos.	Sigue instrucciones y procedimientos de manera reflexiva, comprendiendo cómo cada uno de sus pasos contribuye al alcance de un objetivo.
		Ordena información de acuerdo con categorías, jerarquías y relaciones.
		Identifica los sistemas y reglas o principios medulares que subyacen a una serie de fenómenos.
		Construye hipótesis y diseña y aplica modelos para probar su validez.
		Sintetiza evidencias obtenidas mediante la experimentación para producir conclusiones y formular nuevas preguntas.
		Utiliza las tecnologías de la información y la comunicación para procesar e interpretar información.

	6. Sustenta una postura personal sobre temas de interés y relevancia general, considerando otro puntos de vista de manera crítica y reflexiva.	Elige las fuentes de información más relevantes para un propósito específico y discrimina entre ellas de acuerdo con su relevancia y confiabilidad.
		Evalúa argumentos y opiniones e identifica prejuicios y falacias.
		Reconoce los propios prejuicios, modifica sus puntos de vista al conocer nuevas evidencias, e integra nuevos conocimientos y perspectivas al acervo con el que cuenta.
		Estructura ideas y argumentos de manera clara, coherente y sintética. Aprende de forma autónoma.
Aprende de forma autónoma	7. Aprende por iniciativa e interés propio a lo largo de la vida.	Define metas y da seguimiento a sus procesos de construcción de conocimiento.
		Identifica las actividades que le resultan de menor y mayor interés y dificultad, reconociendo y controlando sus reacciones frente a retos y obstáculos.
		Articula saberes de diversos campos y establece relaciones entre ellos y su vida cotidiana.
Trabaja en forma colaborativa	8. Participa y colabora de manera efectiva en equipos diversos.	Propone maneras de resolver un problema o desarrollar un proyecto en equipo, definiendo un curso de acción con pasos específicos.
		Aporta puntos de vista con apertura y considera los de otras personas de manera reflexiva.
		Asume una actitud constructiva, congruente con los conocimientos y las habilidades con que cuenta dentro de distintos equipos de trabajo.
Participa con responsabilidad en la sociedad	9. Participa con una conciencia cívica y ética en la vida de su comunidad, región, México y el mundo.	Privilegia el diálogo como mecanismo para la solución de conflictos.

		Toma decisiones a fin de contribuir a la equidad, el bienestar y el desarrollo democrático de la sociedad.
		Conoce sus derechos y obligaciones como mexicano y miembro de distintas comunidades e instituciones, y reconoce el valor de la participación como herramienta para ejercerlos.
		Contribuye a alcanzar un equilibrio entre el interés y bienestar individual y el interés general de la sociedad.
		Actúa de manera propositiva frente a fenómenos de la sociedad y se mantiene informado.
		Advierte que los fenómenos que se desarrollan en los ámbitos local, nacional e internacional ocurren dentro de un contexto global interdependiente.
	10. Mantiene una actitud respetuosa hacia la interculturalidad y la diversidad de creencias, valores, ideas y prácticas sociales.	Reconoce que la diversidad tiene lugar en un espacio democrático de igualdad, de dignidad y derechos de todas las personas, y rechaza toda forma de discriminación.
		Dialoga y aprende de personas con distintos puntos de vista y tradiciones culturales mediante la ubicación de sus propias circunstancias en un contexto más amplio.
		Asume que el respeto de las diferencias es el principio de integración y convivencia en los contextos local, nacional e internacional.
	11. Contribuye al desarrollo sustentable de manera crítica, con acciones responsables.	Asume una actitud que favorece la solución de problemas ambientales en los ámbitos local, nacional e internacional.
		Reconoce y comprende las implicaciones biológicas, económicas, políticas y sociales del daño ambiental en un contexto global interdependiente.
		Contribuye al alcance de un equilibrio entre los intereses de corto y largo plazo en relación con el ambiente.

Estas competencias, al igual que las estructuradas por la Comisión Europea, son transversales y transferibles, entendiendo por transversalidad la capacidad para que cualquier competencia genérica se pueda vincular con algún campo disciplinar del saber, y por transferibilidad la facilidad para que el desarrollo de una competencia genérica interactúe, fortalezca y potencialice el crecimiento de otra.

Competencias disciplinares

De la misma forma, una comisión de especialista educativos mexicanos estableció las competencias disciplinares con base en los cuatro campos disciplinares del conocimiento; como en las competencias genéricas, las competencias disciplinares deben ser utilizadas por todas las instituciones educativas.

Cuadro 2.3 Competencias disciplinares

Disciplina	Competencias
Matemáticas	1. Construye e interpreta modelos matemáticos mediante la aplicación de procedimientos aritméticos, algebraicos, geométricos y variacionales, para la comprensión y el análisis de situaciones reales, hipotéticas o formales.
	2. Formula y resuelve problemas matemáticos aplicando diferentes enfoques.
	3. Explica e interpreta los resultados obtenidos mediante procedimientos matemáticos y los contrasta con modelos establecidos o situaciones reales.
	4. Argumenta la solución obtenida de un problema con métodos numéricos, gráficos, analíticos o variacionales, mediante el lenguaje verbal, matemático y el uso de las tecnologías de la información y la comunicación.
	5. Analiza las relaciones entre dos o más variables de un proceso social o natural para determinar o estimar su comportamiento.
	6. Cuantifica, representa y contrasta experimental o matemáticamente las magnitudes del espacio y las propiedades físicas de los objetos que lo rodean.

	7. Elige un enfoque determinista o uno aleatorio para el estudio de un proceso o fenómeno, y argumenta su pertinencia.
	8. Interpreta tablas, gráficas, mapas, diagramas y textos con símbolos matemáticos y científicos.
Ciencias experimentales	1. Establece la interrelación entre la ciencia, la tecnología, la sociedad y el ambiente en contextos históricos y sociales específicos.
	2. Fundamenta opiniones sobre los impactos de la ciencia y la tecnología en su vida cotidiana, asumiendo consideraciones éticas.
	3. Identifica problemas, formula preguntas de carácter científico y plantea las hipótesis necesarias para responderlas.
	4. Obtiene, registra y sistematiza la información para responder a preguntas de carácter científico, consultando fuentes relevantes y realizando experimentos pertinentes.
	5. Contrasta los resultados obtenidos en una investigación o experimento con hipótesis previas y comunica sus conclusiones.
	6. Valora las preconcepciones personales o comunes sobre diversos fenómenos naturales a partir de evidencias científicas.
	7. Hace explícitas las nociones científicas que sustentan los procesos para la solución de problemas cotidianos.
	8. Explica el funcionamiento de máquinas de uso común a partir de nociones científicas.
	9. Diseña modelos o prototipos para resolver problemas, satisfacer necesidades o demostrar principios científicos.
	10. Relaciona las expresiones simbólicas de un fenómeno de la naturaleza y los rasgos observables a simple vista o mediante instrumentos o modelos científicos.
	11. Analiza las leyes generales que rigen el funcionamiento del medio físico y valora las acciones humanas de impacto ambiental.
	12. Decide sobre el cuidado de su salud a partir del conocimiento de su cuerpo, sus procesos vitales y el entorno al que pertenece.

	13. Relaciona los niveles de organización química, biológica, física y ecológica de los sistemas vivos.
	14. Aplica normas de seguridad en el manejo de sustancias, instrumentos y equipo en la realización de actividades de su vida cotidiana.
Humanidades y ciencias sociales	1. Identifica el conocimiento social y humanista como una construcción en constante transformación.
	2. Sitúa hechos históricos fundamentales que han tenido lugar en distintas épocas en México y el mundo en relación con el presente.
	3. Interpreta su realidad social a partir de los procesos históricos locales, nacionales e internacionales que la han configurado.
	4. Valora las diferencias sociales, políticas, económicas, étnicas, culturales y de género y las desigualdades que inducen.
	5. Establece la relación entre las dimensiones políticas, económicas, culturales y geográficas de un acontecimiento.
	6. Analiza con visión emprendedora los factores y elementos fundamentales que intervienen en la productividad y competitividad de una organización y su relación con el entorno socioeconómico.
	7. Evalúa las funciones de las leyes y su transformación en el tiempo.
	8. Compara las características democráticas y autoritarias de diversos sistemas sociopolíticos.
	9. Analiza las funciones de las instituciones del Estado mexicano y la manera en que impactan su vida.
	10. Valora distintas prácticas sociales mediante el reconocimiento de sus significados dentro de un sistema cultural, con una actitud de respeto.
Comunicación	1. Identifica, ordena e interpreta las ideas, datos y conceptos explícitos e implícitos en un texto, considerando el contexto en el que se generó y en el que se recibe.
	2. Evalúa un texto mediante la comparación de su contenido con el de otros, en función de sus conocimientos previos y nuevos.

	3. Plantea supuestos sobre los fenómenos naturales y culturales de su entorno con base en la consulta de diversas fuentes.
	4. Produce textos con base en el uso normativo de la lengua, considerando la intención y situación comunicativa.
	5. Expresa ideas y conceptos en composiciones coherentes y creativas, con introducciones, desarrollo y conclusiones claras.
	6. Argumenta un punto de vista en público de manera precisa, coherente y creativa.
	7. Valora y describe el papel del arte, la literatura y los medios de comunicación en la recreación o la transformación de una cultura, teniendo en cuenta los propósitos comunicativos de distintos géneros.
	8. Valora el pensamiento lógico en el proceso comunicativo en su vida cotidiana y académica.
	9. Analiza y compara el origen, el desarrollo y la diversidad de los sistemas y medios de comunicación.
	10. Identifica e interpreta la idea general y el posible desarrollo de un mensaje oral o escrito en una segunda lengua, recurriendo a conocimientos previos, elementos no verbales y contexto cultural.
	11. Se comunica en una lengua extranjera mediante un discurso lógico, oral o escrito, congruente con la situación comunicativa.
	12. Utiliza las tecnologías de la información y la comunicación para investigar, resolver problemas, producir materiales y transmitir información.

Quinta competencia disciplinar

De acuerdo con lo establecido en el Acuerdo 442 respecto al segundo nivel de concreción, el Colegio de Bachilleres (Modelo Académico, 2010) señala que, dependiendo de sus necesidades y ofertas educativas, todo subsistema puede incorporar competencias que refuercen o complementen las establecidas en el marco curricular común. Con base en esta prerrogativa, se propuso un quinto campo disciplinar de conocimiento, el de desarrollo humano, y sus competencias son las siguientes:

Cuadro 2.4 Quinta competencia disciplinar	
Desarrollo humano	1. Reflexiona filosóficamente sobre su proceso de construcción ciudadana, formación humana y su proyecto de vida.
	2. Evalúa distintos aspectos filosóficos disciplinares: ontológicos, éticos, axiológicos, estéticos, epistemológicos y lógicos, en su proceso de desarrollo humano.
	3. Plantea propuestas éticas en la solución de problemas de su entorno social y natural.
	4. Argumenta filosóficamente su visión del mundo asumiendo una postura responsable y comprometida.
	5. Valora y propone alternativas de solución a problemas filosóficos contemporáneos desde una perspectiva integral de las disciplinas filosóficas.
	6. Identifica y aprecia manifestaciones artísticas en los parámetros tiempo y espacio dentro del quehacer humano.
	7. Reconoce y emplea el lenguaje artístico a partir de sus rasgos característicos para comunicar ideas y sentimientos en su proceso creativo.
	8. Reconoce sus planos sensorial, perceptual y conceptual en la experiencia artística y cognitiva.
	9. Utiliza sus habilidades cognitivas y motrices en la elaboración de un producto con elementos artísticos.
	10. Aplica la educación física para conservar y fortalecer su salud, autorregulando su desarrollo personal y social.

Competencias disciplinares extendidas

Después de las competencias disciplinares básicas, se encuentran las competencias disciplinares extendidas, que se caracterizan por abordar algún campo del conocimiento con mayor profundidad y amplitud. Estas competencias se formulan independientemente en cada institución, y su construcción está determinada por las cualidades de la oferta educativa y las necesidades regionales.

En el Acuerdo 444 se establece la creación de las competencias profesionales, que ofrecen tanto orientación como formación a los jóvenes en el mundo laboral; estas competencias pueden ser básicas y extendidas. Su conformación le concierne a cada subsistema de acuerdo con su plan de estudios y sus necesidades locales.

Competencias docentes

Siguiendo los protocolos de las competencias genéricas y disciplinares, se diseñaron las competencias docentes (Acuerdo 447, 2008), pues estas son indispensables para el funcionamiento de la reforma y conseguir el enfoque educativo direccionado a los procesos de aprendizaje.

Cuadro 2.5 Competencias docentes

Competencia	Atributos
1. Organiza su formación continua a lo largo de su trayectoria profesional.	Reflexiona e investiga sobre la enseñanza y sus propios procesos de construcción del conocimiento.
	Incorpora nuevos conocimientos y experiencias al acervo con el que cuenta y los traduce en estrategias de enseñanza y de aprendizaje.
	Se evalúa para mejorar su proceso de construcción del conocimiento y adquisición de competencias, y cuenta con una disposición favorable para la evaluación docente y de pares.
	Aprende de las experiencias de otros docentes y participa en la conformación y el mejoramiento de su comunidad académica.
	Se mantiene actualizado en el uso de la tecnología de la información y la comunicación.
	Se actualiza en el uso de una segunda lengua.
2. Domina y estructura los saberes para facilitar experiencias de aprendizaje significativo.	Argumenta la naturaleza, los métodos y la consistencia lógica de los saberes que imparte.
	Explicita la relación de distintos saberes disciplinares con su práctica docente y los procesos de aprendizaje de los estudiantes.
	Valora y explicita los vínculos entre los conocimientos previamente adquiridos por los estudiantes, los que se desarrollan en su curso y aquellos que conforman un plan de estudios.

3. Planifica los procesos de enseñanza y de aprendizaje atendiendo al enfoque basado en competencias (EBC) y los ubica en contextos disciplinares, curriculares y sociales amplios.	Identifica los conocimientos previos y las necesidades de formación de los estudiantes, y desarrolla estrategias para avanzar a partir de ellas.
	Diseña planes de trabajo basados en proyectos e investigaciones disciplinarios e interdisciplinarios orientados al desarrollo de competencias.
	Diseña y utiliza en el salón de clases materiales apropiados para el desarrollo de competencias.
	Contextualiza los contenidos de un plan de estudios en la vida cotidiana de los estudiantes y la realidad social de la comunidad a la que pertenecen.
4. Lleva a la práctica procesos de enseñanza y de aprendizaje de manera efectiva, creativa e innovadora a su contexto institucional.	Comunica ideas y conceptos con claridad en los diferentes ambientes de aprendizaje y ofrece ejemplos pertinentes a la vida de los estudiantes.
	Aplica estrategias de aprendizaje y soluciones creativas ante contingencias, teniendo en cuenta las características de su contexto institucional, y utilizando los recursos y materiales disponibles de manera adecuada.
	Promueve el desarrollo de los estudiantes mediante el aprendizaje, en el marco de sus aspiraciones, necesidades y posibilidades como individuos, y en relación con sus circunstancias socioculturales.
	Provee de bibliografía relevante y orienta a los estudiantes en la consulta de fuentes para la investigación.
	Utiliza la tecnología de la información y la comunicación con una aplicación didáctica y estratégica en distintos ambientes de aprendizaje.
5. Evalúa los procesos de enseñanza y de aprendizaje con un enfoque formativo.	Establece criterios y métodos de evaluación del aprendizaje a partir del enfoque basado en competencias, y los comunica de manera clara a los estudiantes.
	Da seguimiento al proceso de aprendizaje y al desarrollo académico de los estudiantes.
	Comunica sus observaciones a los estudiantes de manera constructiva y consistente, y sugiere alternativas para su superación.
	Fomenta la autoevaluación y coevaluación entre pares académicos y entre los estudiantes para afianzar los procesos de enseñanza y de aprendizaje.

6. Construye ambientes para el aprendizaje autónomo y colaborativo.	Favorece entre los estudiantes el autoconocimiento y la valoración de sí mismos.
	Favorece entre los estudiantes el deseo de aprender y les proporciona oportunidades y herramientas para avanzar en sus procesos de construcción del conocimiento.
	Promueve el pensamiento crítico, reflexivo y creativo a partir de los contenidos educativos establecidos, situaciones de actualidad e inquietudes de los estudiantes.
	Motiva a los estudiantes en lo individual y en grupo, y produce expectativas de superación y desarrollo.
	Fomenta el gusto por la lectura y por la expresión oral, escrita o artística.
	Propicia la utilización de la tecnología de la información y la comunicación por parte de los estudiantes para obtener, procesar e interpretar información, así como para expresar ideas.
7. Contribuye a la generación de un ambiente que facilite el desarrollo sano e integral de los estudiantes.	Practica y promueve el respeto a la diversidad de creencias, valores, ideas y prácticas sociales entre sus colegas y entre los estudiantes.
	Favorece el diálogo como mecanismo para la resolución de conflictos personales e interpersonales entre los estudiantes y, en su caso, los canaliza para que reciban una atención adecuada.
	Estimula la participación de los estudiantes en la definición de normas de trabajo y convivencia, y las hace cumplir.
	Promueve el interés y la participación de los estudiantes con una conciencia cívica, ética y ecológica en la vida de su escuela, comunidad, región, México y el mundo.
	Alienta a que los estudiantes expresen opiniones personales en un marco de respeto, y las toma en cuenta.
	Contribuye a que la escuela reúna y preserve condiciones físicas e higiénicas satisfactorias.
	Fomenta estilos de vida saludables y opciones para el desarrollo humano, como el deporte, el arte y diversas actividades complementarias entre los estudiantes.

	Facilita la integración armónica de los estudiantes al entorno escolar y favorece el desarrollo de un sentido de pertenencia.
8. Participa en los proyectos de mejora continua de su escuela y apoya la gestión institucional.	Colabora en la construcción de un proyecto de formación integral dirigido a los estudiantes en forma colegiada con otros docentes y los directivos de la escuela, así como con el personal de apoyo técnico-pedagógico.
	Detecta y contribuye a la solución de los problemas de la escuela mediante el esfuerzo común con otros docentes, directivos y miembros de la comunidad.
	Promueve y colabora con su comunidad educativa en proyectos de participación social.
	Crea y participa en comunidades de aprendizaje para mejorar su práctica educativa.

Aprendizajes y saberes de las competencias

Una de las críticas más fuertes que ha recibido la educación basada en competencias es que su desarrollo atiende únicamente necesidades operacionales. En la década de 1970, se promovió en el mundo empresarial la concepción operativa de competencia para el sector educativo y para el desempeño gubernamental de los países industrializados. Sin embargo, autores como Gonzi entienden las competencias como algo que va más allá de la realización de labores de manera eficaz; en la educación basada en competencias se construyen puentes que generan saberes reflexivos y humanistas, los cuales darán al estudiante la posibilidad de actuar en los distintos escenarios de la vida (Vargas, 2005).

Para el director de Educación Clínica en la Facultad de Ciencias de la Salud de la Universidad de Sydney, Andrew Gonczi, las competencias integran cuatro grandes componentes cognitivos: los conocimientos, las habilidades, las actitudes y los valores, y otorga mayor importancia a los dos últimos, ya que permiten al estudiante aplicar sus saberes con un matiz humanista.

Ronald Barnett, profesor del Instituto de Educación de Londres y el profesor Perrenoud coinciden en que una competencia debe comprender cuatro saberes (conocimientos, procedimentales o habilidades, actitudinales y valores) que se fusionan para resolver una tarea de manera eficaz.

Perrenoud hace hincapié en de que, sin importar la profesión, los conocimientos no pueden ser solo memorísticos u operativos. Los procesos mentales como la reflexión abren la posibilidad de resolver problemas fuera de los esquemas planificados.

En la EBC, el aprendizaje no se practica como la mera transmisión de una receta, porque en la realidad existen numerosas variables que modifican la solución de un problema, y en este sentido, el estudiante no puede ser un repetidor de recetas. Por el contrario, el estudiante competente no solo tiene que ser capaz de llevar a cabo un conjunto de acciones, sino que sus intervenciones deben percibir y comprender el mundo que lo circunda.

Pozo, Valls, Sarabia y Coll (Díaz B., 1999) apuntan que los saberes escolares deben abordarse en sus tres principales manifestaciones: declarativos, procedimentales y actitudinales, pues solo de este modo el alumno podrá comprender cada aprendizaje en su saber qué, saber hacer y saber ser.

Aprendizaje declarativo (saber qué)

Este conocimiento sustenta a los otros dos y por lo general es el que recibe mayor atención en las escuelas. Se clasifica en factual y conceptual; el primero está conformado por datos, fechas, hechos, clasificaciones, fórmulas y otros, mientras que el segundo representa la integración de teorías, conceptos, postulados e ideas que no necesitan memorizarse, siempre y cuando el mensaje se entienda.

El conocimiento factual se adquiere a través de la memorización y la repetición, en tanto que el conceptual utiliza los mecanismos de reflexión y las experiencias previas relacionadas con el tema para lograr el entendimiento.

El conocimiento factual –que suele ser tortuoso y monótono para los estudiantes– puede aprenderse relacionando la información con eventos importantes en la vida del sujeto, actividades lúdicas que vinculen los datos y otras dinámicas que alejen esa concepción sombría que se tiene de la información factual.

Aprendizaje procedimental (saber hacer)

Se refiere a la movilización de conocimientos y la puesta en práctica de habilidades, destrezas y ejecuciones. Este aprendizaje empieza por un análisis del entorno y de los datos para, posteriormente, con base en los lineamientos establecidos, ejecutar la acción. En esta etapa el profesor orienta las correcciones pertinentes, después vendrá la automatización y, por último, el perfeccionamiento de la acción. Sin embargo, el aprendizaje de la tarea debe considerar las posibles variantes, los errores habituales y las alternativas de ejecución.

Esta competencia es, sin duda, una de las razones que motivaron a las industrias a promover una educación basada en este enfoque. No obstante, la EBC no se limita a enseñar ejecuciones, ya que se caería en el error de formar estudiantes mecanicistas, en simples replicadores de conocimiento.

Los procedimientos deben aprenderse de manera crítica y reflexiva, vincular lo declarativo con lo procedimental y conectar las nuevas habilidades con adquisiciones previas.

Aprendizaje actitudinal-valoral (saber ser)

Este aprendizaje ofrece a todos los saberes una orientación humanista. Transmite también valores y actitudes que favorecen el desarrollo de la sociedad y el bienestar común por encima del individual. Para Martin Fishbein, profesor de la Universidad de Pennsylvania, el componente actitudinal incluye tres aspectos: afectivo, cognitivo y conductual, los cuales se amalgaman para mediar nuestro comportamiento.

El profesor Sarabia entiende por valor la capacidad de estimar un objeto o una persona con mayor o menor nivel, y los valores pueden ser de diversa índole. Hace hincapié en el aspecto moral de la educación, que se refiere al comportamiento saludable de un individuo en relación con los demás y al empleo de principios éticos en pro de la sociedad y el conocimiento.

En general, son pocas las escuelas y los docentes que se han preocupado por realizar prácticas que repercutan en el desarrollo actitudinal y moral. Bednar y Levie señalan que hay tres ingredientes que deben tomarse en cuenta para lograr un cambio actitudinal.

- Proporcionar un mensaje persuasivo.
- Modelaje de la actitud.
- La inducción de disonancia o conflicto entre los componentes cognitivo, afectivo y conductual.

Existen también otras técnicas que favorecen la formación actitudinal, como los sociodramas, los debates o la toma de decisiones grupal. En el cuadro 2.6 se exponen de manera breve algunas metodologías utilizadas en el marco constructivista para la enseñanza del saber ser.

Cuadro 2.6 Metodologías didácticas en la enseñanza de valores

Enfoque	Características
Clarificación de valores y juicio crítico	Orientado al autoconocimiento y el análisis crítico de la realidad personal, familiar y comunitaria. Se basa en preguntas esclarecedoras, reflexión personal, hojas de trabajo e instrumentos de autoanálisis, elaboración de proyectos y planes.
Discusión de dilemas y análisis de casos	Analiza casos y conflictos relacionados con cuestiones sociales, cívicas, personales, con implicaciones éticas. Promueve procesos de identificación, empatía, razonamiento y toma de decisiones en torno a situaciones que se enfrentan cotidianamente. Intenta el desarrollo de una moral autónoma y prosconvencional (véase Piaget y Kohlberg).
Comprensión y escritura crítica de "textos"	Analiza y produce "textos" escritos, películas, canciones, fotografías, comerciales, propaganda política, programas televisivos y radiofónicos, etc., que aborden temas controvertidos de actualidad. Enseña a los alumnos a obtener y juzgar información reciente, de fuentes diversas, a analizar diversas posturas y a generar visiones propias. Fomenta competencias comunicativas básicas, orales y escritas.

Aprendizaje cooperativo y situado, con orientación a la comunidad	Promueve no solo el trabajo en equipo, sino la vivencia de valores como solidaridad, ayuda mutua, responsabilidad conjunta, empatía, ética profesional, etcétera. Intenta consolidar una "comunidad justa" en la institución escolar misma. Fomenta una labor social de apoyo y servicio a la comunidad circundante mediante el desarrollo y operación de proyectos de intervención social o profesional.
Desarrollo de habilidades sociales, afectivas y de autorregulación	Busca desarrollar las llamadas "habilidades del carácter o rasgos de la personalidad moral". Planea estrategias para el manejo de emociones y sentimientos, conducta prosocial, asertividad, solución de problemas, realización de planes de vida personales y autocompromisos, etcétera. Enfatiza las habilidades para el diálogo, la comprensión crítica de la realidad, la tolerancia, la autodirección y la participación activa.

Fuente: García y Díaz Barriga, 1999.

La enseñanza del saber ser ha sido uno de los aspectos más olvidados de la educación, a pesar del gran impacto que tiene en la sociedad, pues todo conocimiento debe comprenderse y practicarse sin perjudicar a terceros; es más, toda competencia debe utilizarse en auxilio de quien lo necesite. En este sentido, la práctica del deporte estudiantil favorece la transmisión de actitudes y valores asociados con el respeto a la vida.

En el ámbito escolar, pocas actividades como la práctica de un deporte influyen tanto en el desarrollo de actitudes y valores del ser humano cuando son guiadas por un entrenador profesional y comprometido. Más adelante se analizará la trascendencia de la práctica deportiva escolar en la educación basada en competencias.

Modelos constructivistas de la educación basada en competencias

El uso del término *enfoque*, en lugar de *modelo*, significa un paso relevante en la educación basada en competencias, ya que esta puede valerse de cualquier método, técnica o dinámica de la pedagogía, la psicología e incluso de otros campos de estudio para su desarrollo. Al examinar los fundamentos de la educación basada en competencias nos daremos cuenta de que está sustentada en modelos constructivistas. En el siguiente apartado se revisarán algunas ideas centrales de los principales promotores de la corriente constructivista.

Modelo constructivista del aprendizaje significativo

En la década de 1970, el psicólogo y pedagogo estadounidense David Ausubel propuso un modelo constructivista cognitivo (Rodríguez Palmero, 2008) fundamentado en las teorías del aprendizaje verbal. Señalaba que la exposición oral o escrita podía provocar resultados favorables. El mayor problema era el mal uso que se había dado a la exposición en el pasado, pero utilizando términos que los receptores comprendieran y conectores que enlazaran los nuevos conocimientos con los viejos, y ubicando los discursos en el contexto del estudiante, era posible lograr lo que se denominó aprendizaje significativo.

Ausubel estudió las condiciones en las que ocurría este tipo de aprendizaje; la primera tiene que ver con la forma en que se adquiere el conocimiento y la segunda con la manera en que el conocimiento se une a la estructura cognitiva.

La primera puede ocurrir en la recepción o por descubrimiento, y la segunda sucede por repetición significativa. Estas variables posibilitan los siguientes juegos de interacciones.

- Recepción repetitiva.
- Recepción significativa.
- Descubrimiento repetitivo.
- Descubrimiento significativo.

La recepción consiste en la transmisión de conocimientos sin que el alumno intervenga en su formación. En el descubrimiento, el estudiante debe movilizarse para conocer y adquirir los aprendizajes; esto se puede dar a través de la solución de tareas.

La dimensión significativa es aquella en la cual las acciones educativas buscan vincular los conocimientos nuevos con los que ya domina el estudiante; el alumno recurre a sus aprendizajes anteriores para lograr la comprensión. La situación repetitiva echa mano de los mecanismos de memorización; sus estructuras son rígidas y toda información debe mantenerse tal como fue escuchada o leída.

El aprendizaje significativo es la base del constructivismo ausubeliano y para su consecución plena requiere "anclajes" o unidades de pensamiento comprensibles en la vida del sujeto. Otro elemento que debe existir para lograr este tipo de aprendizaje es una actitud de disposición a adquirir el significado y que la información presentada pueda anclarse, es decir, que los tópicos no sean de un nivel cognitivo demasiado elevado.

El aprendizaje significativo puede ser representacional, de conceptos y proposicional. El aprendizaje representacional consiste en la identificación de un objeto por medio de una palabra, y el uso de dicha palabra puede evocar tanto sonidos como imágenes. El aprendizaje de conceptos se forma a partir del representacional; la imagen o el sonido definido en una palabra se integrará a los contextos en que vive el estudiante formando una concepción del objeto.

De este modo, un cinturón puede representar una misma imagen para dos personas, pero tener también significados diferentes. Por ejemplo, para alguien puede ser un utensilio que sujeta el pantalón y para otro, un instrumento de castigo. El aprendizaje proposicional es la composición de varias ideas para formar un significado, por tanto, este podrá ser entendido por todos.

La organización jerárquica de la estructura cognitiva en el aprendizaje significativo puede ser subordinada, superordenada o combinatoria. La subordinada se produce cuando el significado de una cosa está formado por conocimientos pasados.

La superordenada se da cuando aparece un nuevo concepto que puede englobar a los demás. Por ejemplo, al mencionar tenis o zapatos, la zapatería vendría a superordenar estos dos. El combinatorio se refiere a procesos que unen proposiciones con la estructura cognitiva del sujeto, guardando un significado pero sin que este mantenga una relación con otras ideas. Ausubel pone como ejemplo la relación masa/energía, la interacción calor/volumen.

La programación de contenidos dirigidos a un aprendizaje significativo debe mantener estos cuatro principios:

- *Diferenciación progresiva.* Se da por medio del aprendizaje verbal significativo. A medida que se van incorporando las ideas estas adquieren un sentido.
- *Reconciliación integradora.* Los significados que se incorporan adquieren un nuevo entendimiento en la estructura cognitiva del sujeto.
- *Organización secuencial.* Los conocimientos previos dan soporte y lógica para que los nuevos saberes puedan agregarse.
- *Consolidación.* Se logra realizando diversas tareas cognitivas, lo que provocará una comprensión múltiple alejada del aprendizaje mecánico.

En resumen, de acuerdo con Ausubel, el paso más relevante para lograr el aprendizaje significativo es encontrar qué conocimiento o qué situación ha vivido el sujeto respecto al tema que se pretende abordar, y con base en ello, elaborar las estrategias que fusionen los nuevos saberes.

Modelo constructivista psicogenético

El constructivismo psicogenético de Jean Piaget (Hernández, 1998) postula que el conocimiento se construye por medio de la interacción e interrelación del sujeto con los objetos; la persona actúa sobre la información que desea comprender y esta intervención genera cambios que incidirán en la interpretación del individuo. Este constante flujo hace del aprendizaje un accionar infinito de remodelación cognitiva.

El constructivismo psicogenético se basa en la teoría de los estadios y la equilibración; puede explicarse, grosso modo, que, para interactuar con los medios de conocimiento, el sujeto utiliza la organización y la adaptación.

Cuando un cambio provoca perturbaciones exógenas o endógenas, el organismo moviliza sus estructuras cognitivas para lograr un equilibrio superior más complejo pero a la vez flexible, lo cual se denomina equilibración. Estos reajustes de conocimiento comprenden las siguientes etapas de desarrollo intelectual:

- *Etapa sensomotriz.* Va de los cero a los dos años, cuando el niño utiliza sus capacidades innatas de movimiento; a lo largo de los meses estas se vuelven más complejas y su inteligencia sensoriomotora empieza a aprovechar los medios que lo circundan. Al final de esta etapa, el niño toma conciencia de sí mismo y de los personas que lo rodean para formar lazos afectivos.
- *Etapa de las operaciones concretas.* Oscila entre los dos y los 11-12 años que, a su vez, tiene una subetapa de pensamiento preparatorio de las operaciones (de 2 a 8 años) y otra de consolidación de las operaciones concretas (de 8 a 12 años). La primera se caracteriza por la asimilación de conceptos de manera incompleta: el infante es egocéntrico y no puede hacer converger su punto de vista con el de los demás, su conducta es moldeable por una autoridad. En la segunda emplea el razonamiento para manipular conceptos, su pensamiento es más crítico, puede tomar en cuenta la opinión de los demás y empieza a forjar una moral independiente.
- *Etapa de las operaciones formales.* Comprende de los 13 a los 16 años, el pensamiento se vuelve más complejo, ya que no se vale solamente de lo presente para formar razonamientos, utiliza deducciones e hipótesis y percibe las variables en la construcción de un conocimiento.

La siguiente reflexión de Piaget destaca la enorme importancia de promover la educación basada en competencias (EBC): "El principal objetivo de la educación es crear hombres que sean capaces de hacer cosas nuevas, no simplemente repetir lo que han hecho otras generaciones: hombres que sean creativos, inventivos y descubridores.

El segundo objetivo de la educación es formar mentes que puedan criticar, que puedan verificar, y no aceptar todo lo se les ofrezca" (Hernández, 1998: 192).

En el ámbito educativo, este autor propone desarrollar la autonomía moral e intelectual, para lo que deben suprimirse los castigos y hacer un llamado a la reflexión actitudinal en los estudiantes.

El aprendizaje constructivista incentiva a los jóvenes a tomar sus propias decisiones, sean buenas o malas, perdiendo el miedo a equivocarse.

En la educación basada en competencias, el docente no es un agente pasivo; su labor demandará conocer las etapas cognitivas, dominar los saberes de su disciplina y de las herramientas didácticas para estimular un trabajo cooperativo entre los estudiantes considerando la opinión de sus compañeros, fomentar la movilización de aprendizajes para resolver conflictos cognitivos, y procurar que su figura de autoridad opresora se desvanezca. El estudiante será quien analice sus actos respecto a los efectos que causó y actuará para remediarlos.

En el marco de la teoría piagetana, Coll y Marti (1990) proponen una estrategia de desajuste óptimo, que consiste en presentar una tarea cognitiva en un punto de interés ideal, esto es: si la labor es demasiado sencilla en relación con el dominio de conocimiento del alumno, los saberes no se utilizarán y, por tanto, no habrá una recalibración de los mismos; si, por el contrario, el conflicto que se encomienda es demasiado complejo, el estudiante desistirá fácilmente y se creará el mismo fenómeno.

Por esta razón, es necesario que el docente sepa qué es lo que conoce el joven, para que la tarea cognitiva lo aliente a razonar y resolver el conflicto. El desajuste adecuado le permitirá al estudiante buscar los mecanismos de recalibración pertinentes, es decir, la construcción de nuevos aprendizajes.

A decir de Piaget, la evaluación de la escuela tradicional debe descartarse, ya que los exámenes atienden más los mecanismos de memorización que los de comprensión. Para este autor, el proceso debe tener más valor que el producto, y lo que tendría que evaluarse es la interpretación del alumno acerca del conocimiento, y la relación que tiene con el contexto.

Desde la perspectiva de Piaget, el constructivismo critica tanto la enseñanza transmisionista, por la falta de participación real del alumno, como los mecanismos activos que dejan desprovisto al estudiante de fundamentos teóricos.

El docente debe proponer actividades de aprendizaje acordes con la edad del estudiante y explicar el porqué y el cómo de cada situación que lo requiera.

Modelo constructivista sociocultural

Lev Vigotsky establece, en 1920, que existe una interacción entre el sujeto, el objeto de conocimiento y los medios socioculturales que intervienen para conseguir la comunicación (Hernández, 1998). Para abordar el conocimiento, el individuo utiliza las herramientas y los signos: con las primeras incursiona en el objeto y produce cambios en él; los segundos parten del objeto generando modificaciones en el sujeto.

Vigotsky propone la expresión "funciones psicológicas inferiores" para referirse al crecimiento natural de maduración psicológica, según las características de la especie, y la expresión "funciones psicológicas superiores" para indicar la evolución psicológica social. Las funciones psicológicas superiores están determinadas por el medio cultural en que se desenvuelve el individuo, y gracias a las interacciones del medio externo con los procesos psicológicos internos la persona se reconstruye en la psique.

El sujeto produce cambios en sus funciones psicológicas superiores por medio de una sucesión interpsicológica que da paso a un proceso intrapiscológico, es decir, de una comunicación con el medio a una interiorización del individuo con la información que fue recopilada. Wertsch (1988) y Cole (1993) mencionan que, para Vigotsky, el conocimiento de la psique humana requiere estos elementos:

- El dominio filogenético: evolución del ser humano como especie.
- El dominio histórico: desarrollo histórico-cultural del ser humano.
- El dominio ontogenético: el desarrollo personal del ser humano.
- El dominio microgenético: el desarrollo de funciones psicológicas en situaciones experimentales.

En este paradigma el ser humano incrementa sus saberes en la medida en que se relaciona con personas de mayor dominio cognitivo.

De este modo, en la escuela se pasa de los conceptos espontáneos –propios de las experiencias– a los conceptos científicos que toman como base los espontáneos para construir conocimientos estructurados objetivamente.

En la escuela constructivista sociocultural, el aprendizaje del alumno ocurre a partir de las interacciones que tiene con sus compañeros, profesores y demás agentes que participan en el proceso educativo. El profesor debe establecer los ambientes de comunicación propios para la transmisión de saberes; un método muy utilizado en este modelo educativo es la zona de desarrollo próxima.

Respecto al aprendizaje y el desarrollo, establece una relación que indica que los aprendizajes se logran en relación con el nivel de desarrollo que tiene la persona y la culminación de todo conocimiento permitirá la autonomía del sujeto para emplear sus saberes.

Sobre la evaluación, Vigotsky señala que la forma tradicional no considera los procesos sino los resultados, que solo captan un fragmento del fenómeno aprendido; a esto le llama evaluación estática. El autor presenta una evaluación dinámica que considera los procesos como parte medular de la valoración aprendida; se presenta una tarea que el alumno debe resolver con asesoría del profesor. De acuerdo con el nivel de contribución del docente, el potencial de aprendizaje será mayor o inferior.

La educación basada en competencias con énfasis en el aprendizaje

Las competencias buscan que los conocimientos sean transferibles a la vida de las personas, es decir, que los conocimientos puedan ser útiles en la resolución de problemas cotidianos. Desde la perspectiva educativa, el conocimiento tiene que complementarse con otros componentes, como los valores y las actitudes, para que no solo sea aplicable, sino que se entienda por qué se utiliza y bajo qué circunstancias debe realizarse, reflexionando en las características del entorno y los individuos. La expresión plena de una competencia crea saberes que se adaptan a los conflictos situacionales, particularidad que, como se ha visto, favorece el constructivismo en sus diferentes vertientes.

Adolfo Obaya (2000, p. 66) define la educación basada en competencias como "un sistema educativo que enfatiza la especificación, el aprendizaje y la demostración de aquellas competencias (conocimientos, habilidades, actitudes y valores) que son de importancia central para la ejecución de una tarea, actividad o carrera dada". Así, la EBC, más allá de la formación operacional propia del mundo empresarial, se apoya en los modelos constructivistas que favorecen un desarrollo holístico.

En la educación basada en competencia, de ser simple receptor de información, el alumno se convierte en protagonista de las acciones formativas, y el profesor se transforma en un mediador del conocimiento, un tutor que orienta al estudiante. Para alcanzar este objetivo, el enfoque de la educación basada en competencias centra su pedagogía en el aprendizaje, fundamentado principalmente en los modelos constructivistas. En los procesos de aprendizaje, como señala Ángeles Gutiérrez (2003), el docente debe enseñar a aprender y el estudiante debe aprender a aprender. "Enseñar a aprender" se entiende como la búsqueda y selección de estrategias que fomenten el pensamiento creativo y reflexivo, en tanto que "aprender a aprender" significa movilizar los saberes para entender lo que se está transmitiendo, relacionarlo con la realidad y utilizarlo para resolver problemas. Según esta autora, para lograr la movilización de conocimientos y provocar la autogestión del enseñando, el docente debe desarrollar las siguientes competencias:

- *Procesos cognitivos básicos.* Procesamiento de información: atención, percepción, codificación, almacenaje y recuperación.
- *Base de conocimientos.* Conjunto de hechos, conceptos y principios que se poseen y están organizados en forma de una red jerárquica (constituida por esquemas) que integra conocimientos previos (extensos y organizados).
- *Conocimientos estratégicos.* Estrategias de aprendizaje, recursos para saber cómo conocer.
- *Conocimiento metacognitivo.* Conocimiento sobre qué y cómo sabemos, y sobre procesos y operaciones cognitivas

Encontrar sentido al conocimiento es aprender a aprender; la necesidad de aprender no surge de obtener calificaciones aprobatorias, sino de su pertinencia para la vida. Algunos autores (Selmes, 1987) muestran que la evaluación de lo aprendido condiciona en gran medida la forma y la calidad del estudio y el aprendizaje de los alumnos. Mientras las evaluaciones basadas en la resolución de problemas o el análisis de casos facilitan un aprendizaje más significativo y comprensivo del material estudiado, las llamadas pruebas objetivas favorecen más un aprendizaje mecánico (Gutiérrez, 2003, p. 24).

Modelos y herramientas para la evaluación por competencias

Uno de los problemas más complejos en la educación es el de la evaluación. En muchas ocasiones, la evaluación no refleja lo que realmente ha aprendido el alumno, porque las evaluaciones suelen ser memorísticas y lineales. Esto se aprecia cuando vemos jóvenes con excelentes calificaciones que no saben aplicar el conocimiento supuestamente aprendido, pues se enfocaron únicamente en obtener una calificación aprobatoria; podemos ver, por el contrario, estudiantes que tienen bajo promedio pero entienden y aplican con más facilidad sus conocimientos.

Por otro lado, la evaluación tradicional se ha enfocado solo en conocer y medir los resultados, mientras que la evaluación por competencias pretende dirigir la atención a los procesos para conseguir dichos resultados. Al destacar el interés en los resultados, se propicia que los aprendizajes sean superfluos, el conocimiento se adquiere de manera pasajera y es de poca trascendencia para la vida. La nueva educación no debe ser "resultadista", porque entonces se estará dando el mensaje a los estudiantes de ser superficiales: el valor está determinado por lo que obtienen y no por lo que hacen para lograrlo.

Si bien existen campos del conocimiento donde el resultado es determinante para saber si el alumno ha aprendido –un error de un décimo puede modificar toda la respuesta–, el docente debe dar el peso justo a los mecanismos y el esfuerzo que realiza el estudiante para llegar a las respuestas, aunque sean equivocadas. Desvirtuar los procesos trae consigo una sobrevaloración desafortunada de los resultados. Por ejemplo, el estudiante que incursiona en el deporte estudiantil y durante las prácticas incrementa su confianza, desarrolla sus capacidades físicas, adquiere hábitos que lo alejan de prácticas nocivas para su salud, tolera mejor las equivocaciones y va superando sus debilidades. Sería un error entonces decir que tuvo "éxito" o "fracaso" por el simple hecho de conseguir el primer lugar en una competencia.

Consideremos dos casos:

1. Un médico que utiliza su conocimiento para ayudar a personas damnificadas o de escasos recursos sin esperar retribución económica y, por tanto, no tiene el mismo poder adquisitivo que otro médico que solo atiende a cambio de una remuneración elevada y no hace excepciones. ¿Se podrá decir que el primer médico es un profesionista fracasado?

2. Un profesor que tiene una sólida vocación para la enseñanza y utiliza todos los medios a su alcance para orientar y formar jóvenes, en comparación con otro que no desempeña su función, pero tiene contactos políticos que le facilitan la obtención de diversos reconocimientos. ¿Se puede decir que el segundo profesor es mejor que el primero por el hecho de tener más reconocimientos? Si el resultado es el objeto de estudio en la evaluación, nuestros estudiantes pueden caer en la práctica poco ética de hacer lo que sea para obtener resultados sin importar que al conseguirlos afecten los intereses de terceros.

Una formación en competencias que salvaguarde los aspectos humanistas no puede, de ninguna manera, concentrarse en evaluar únicamente los resultados.

A continuación se expondrán los fundamentos de la evaluación en la educación basada en competencias.

La evaluación

Según Ander-Egg (1993), la evaluación es un instrumento que permite conocer si las estrategias utilizadas han sido pertinentes para alcanzar los aprendizajes; en este sentido, no solo debe evaluarse al estudiante, sino que el docente y el contenido (currículum) también deben ser evaluados.

Para este autor, toda construcción evaluativa debe incorporar estos cuestionamientos: para qué, qué, cómo y cuándo.

a) La primera pregunta indaga las razones por las cuales se realiza dicho procedimiento.

b) La segunda categoriza los conocimientos que serán evaluados.

c) La tercera se refiere a las pruebas que utilizaremos para determinar la evaluación:

d) La cuarta se refiere a los tiempos propicios para efectuar las pruebas y se divide en:

1. *Inicial o diagnóstica.* Permite conocer el nivel de aprendizaje del estudiante respecto al currículum escolar.
2. *Formativa.* Su objetivo es conocer si los instrumentos de aprendizaje están cubriendo las expectativas deseadas, es decir, saber cuáles son los puntos débiles y fuertes en sus aprendizajes y, con base en estos, mantener, reforzar o modificar las herramientas didácticas (Jorba, Sanmartí, 2000).
3. *Evaluación sumativa.* Se realiza al final de los procesos educativos y sirve para conocer si los aprendizajes logrados por los estudiantes coinciden con las expectativas planteadas al inicio del curso.

Tendencias en la evaluación

Además de señalar los momentos y las estructuras básicas de la evaluación, es conveniente destacar cuáles son los principales enfoques utilizados en este campo de la educación. Autores como Román y Diez (1989) identifican tres corrientes evaluativas en el siglo XX (Blanco, 2004).

Paradigma conductual

El modelo conductual, caracterizado por obtener conocimientos a través del estímulo y la respuesta, mide los conocimientos aprendidos por medio de la modificación de la conducta del estudiante. Con base en los objetivos establecidos al inicio del curso, este se acredita cubriendo puntualmente cada lineamiento dictaminado; las pruebas de estimación son idénticas a todos los alumnos y su forma de medir es cuantificable.

Paradigma cognitivo

La evaluación hace hincapié en su quehacer en los procesos y resta importancia a los resultados; las valoraciones son permanentes a lo largo del proceso de aprendizaje, con la finalidad de obtener datos que ayuden reforzar o modificar las estrategias educativas. El conocimiento se evalúa desde la apropiación del sujeto de acuerdo con sus necesidades y no en función de estructuras rígidas; los saberes deben adquirirse de manera reflexiva.

Paradigma ecológico

Evalúa los conocimientos basándose en las relaciones que el alumno establece con sus compañeros y el medio ambiente. En relación con el medio ambiente, cabe destacar que no solo se observa el entorno y el contexto educativo del estudiante; también se considera el tipo de estructura espacial, la calidad de los materiales del lugar, el comportamiento de los alumnos con los objetos, el papel de participación, etcétera. Se puede decir que, para la evaluación ecológica, los contextos y los medios que afectan al estudiante son determinantes en la conceptualización del conocimiento.

Hacia una evaluación basada en competencias

Para Bravo Arteaga (2000), la evaluación del aprendizaje tiene dos perspectivas: la evaluación tradicional y la evaluación auténtica. Las nuevas tendencias de la educación descartan la evaluación estandarizada (convencional) ya que solo mide aspectos declarativos, se centra en el resultado y no en procesos, no abarca el dominio del conocimiento, existen inteligencias que no son evaluadas, se aleja de su aplicación contextual, y aplica patrones de estandarización que ignoran las características cognitivas y psicológicas de cada alumno.

En la evaluación auténtica las pruebas de papel y lápiz son ambiguas, se utiliza la problematización de conocimientos en ambientes de la vida diaria, se examina tanto el proceso como el resultado, las pruebas atienden las características de cada individuo y las alternativas para resolver un cuestionamiento no son cerradas; por el contrario, dan libertad en la construcción de respuestas por parte del alumno.

En la corriente valorativa autores como Solano-Flores y Shavelson (1997) distinguen tres componentes y tres dimensiones en la evaluación:

Componentes

a) Tareas que el alumno resuelva en contextos familiares.

b) Un medio para registrar los procesos y resultados.

c) Un sistema de rúbrica.

Dimensiones

a) Contenido: debe ser significativo y con amplitud en su resolución.

b) Equipamiento: son los materiales para llevar a cabo la evaluación.

c) Puesta en práctica: contar con los parámetros más objetivos para estimar.

Gutiérrez (2003) elaboró una tabla comparativa de la evaluación tradicional y la evaluación constructivista, que se presenta en el cuadro 2.7.

En la evaluación auténtica, autores como Gutiérrez Nava (2001) consideran que la evaluación en la educación basada en competencias (EBC) debe realizarse en todo el proceso de aprendizaje. Los aspectos cualitativos tienen que ser influyentes en su gestión y para conocer los saberes adquiridos por el alumno hay que utilizar diversas herramientas de estimación. De la misma forma, la evaluación deberá considerar componentes declarativos, procedimentales y actitudinales. Para que sea menos subjetiva, la perspectiva evaluativa tiene que ser visualizada por diversos actores. Así pues, en la EBC la estimación se practica por medio de:

- *Autoevaluación.* La percepción del desempeño que el alumno tiene de sí mismo.
- *Coevaluación.* La interpretación del desempeño que un estudiante tiene en relación con otro.

- *Heteroevaluación.* La estimación que realiza el profesor, padre o tutor sobre el desarrollo de los saberes en un enseñando.

Cuadro 2.7 Evaluación tradicional y evaluación constructivista			
Característica	Enfoque psicométrico	Enfoque edumétrico	Enfoque constructivista
Efectos deseados de la evaluación	Neutral-no reactivo. Unidad aislada	Retroalimentación. Unidad aislada	Generador de cambio. Sistema de constructos
Énfasis característico	Acumulación de conocimientos	Logro de objetivos	Relaciones implicativas entre constructos
Énfasis temporal	Presente	Presente	Presente, privilegiando lo evolutivo
Forma de cognición Relación entre cogniciones	Propositiva. Asociativa	Propositiva. Asociativa	Distinciones fundamentales, construcción deconstructos. Jerárquica; énfasis en los procesos de ordenamiento nuclear
Nivel de análisis	Individual	Individual	Individual o sistémico
Énfasis evaluativo	Específico	Específico	Comprensivo, general
Tipo de instrumentos	Estructurados	Estructurados - Idiográficos	Idiográficos e interactivos
Puntuación	Cuantitativa	Cuantitativa y cualitativa	Cuantitativa y/o cualitativa
Criterios de adecuación	Psicométrico	Edumétrico	Psicométrico, hermenéutico

Fuente: Adaptado de *Nuevos enfoques en la evaluación de los aprendizajes*, de Cecilia Quaas F., 1999.

La evaluación de saberes

La evaluación en la EBC considera los tres saberes, y a continuación se explicará cómo proceden en el campo de acción.

Conceptual

Para Gutiérrez (2003), la evaluación declarativa es más que la recitación de palabras; el estudiante utiliza conceptualizaciones propias que puede relacionar con hechos y manejar de acuerdo con sus necesidades.

Procedimental

Se determina por medio de la observación cualitativa de las acciones del estudiante; es la determinación del desempeño en la praxis del conocimiento. Un ejemplo de esto son las listas de cotejo.

Actitudinal

En este campo del saber es uno de los que mayor desarrollo puede conseguir por medio del deporte estudiantil. Qué mejor situación para evaluar el uso de un valor, así como una actitud, que un entrenamiento o una competencia deportiva estudiantil donde se ponen en juego emociones –la ansiedad, el miedo, la confianza, la alegría– provocadas por cometer un error o lograr un acierto, sufrir una derrota o conseguir una victoria. Con la debida orientación del entrenador, estas circunstancias sembrarán las bases de un comportamiento estable y maduro, apto para colaborar en equipo bajo condiciones adversas e incorporar sus aprendizajes en los saberes declarativos y procedimentales.

El problema del saber actitudinal es el alto grado de subjetividad que existe en su evaluación, pues los valores y las actitudes responden a los ambientes, épocas y necesidades de cada sociedad, así que "si no existe un modelo único de persona, puede construirse un ideal de acuerdo con los valores universales preponderantes en la comunidad" (Marchant, 2008).

Fundamentado en este constructo, Marchant Mayol sugiere los siguientes instrumentos para valorar actitudes y valores.

Registro anecdótico

Este instrumento sirve para anotar comportamientos fuera de los patrones rutinarios de los estudiantes. Dichos documentos deben hacer una descripción de los hechos evitando la adjetivación.

Ejemplo	
Fecha: 14-2-91	
Estudiante:	Observador/a:
Curso:	
Contexto:	
Descripción del incidente:	

Lista de cotejo

Cuadros que indican si un estudiante ha tenido los comportamientos programados.

Ejemplo	Sí	No
Indicadores		

Escala de apreciación

Es similar a la lista de cotejo, pero permite una identificación más detallada de la acción ejecutada.

Ejemplo	P	F	O	RV	N
Indicadores					

P: Permanentemente
F: Frecuentemente
O: Ocasionalmente
RV: Rara vez
N: Nunca

ESCALA DE ACTITUD

Incluye cuestionarios para conocer una aproximación del "estado de actitud", en el cual se consideran tres dimensiones: cognitiva, afectiva y comportamental (véase el cuadro 2.8).

Cuadro 2.8 Competencias del cuestionario

Dimensiones	Palabras	Indicadores
Cognitiva (conocer)	Pienso, considero, creo, entiendo, conozco, reflexiono...	Pienso que mi puntualidad favorece el trabajo en equipo.
Afectiva (sentir)	Agrado, desagrado, gusto, disgusto, disfruto, sufro...	Me agrada que mis compañeros cumplan con sus compromisos en los plazos establecidos.
Comportamental (hacer)	Acepto, aporto, reconozco, ayudo, escucho, expreso, asisto, preparo...	Acepto las sugerencias de mis compañeros cuando trabajamos en equipo.

Fuente: Marchant Mayol, 2008.

CRITERIOS DE CONSTRUCCIÓN

Para este autor, estos son los criterios de construcción de valores:

1. Determinar la actitud que se debe evaluar.
2. Definir la actitud.
3. Elaborar indicadores para cada dimensión de actitud (cognitiva, afectiva y comportamental), en sentido positivo y negativo.
4. Validar la relación lógica entre cada dimensión y sus indicadores a través del juicio de experto (validez de contenido).
5. Utilizar la escala tipo Likert: Total acuerdo (TA), Parcial acuerdo (PA), Ni acuerdo/Ni desacuerdo (NA/ND), Parcial desacuerdo (PD) y Total desacuerdo (TD). También se puede utilizar una escala de diferencial semántico.

6. Distribuir los indicadores al azar.
7. Incorporar indicadores control.
8. Diagramar el instrumento.

En el cuadro 2.9, a continuación se presentan algunos ejemplos de indicadores.

Cuadro 2.9 Ejemplo de indicadores

Núm.	Indicadores	TA	PA	NA/ND	PD	TD
01	Comparto mi material con los compañeros que no tienen					
02	Me gusta ayudar a mis compañeros en las tareas que no entienden					
03	Creo que uno debe ayudar solo a sus amigos					
04	Me disgusta ayudar en el aseo de la sala cuando me lo piden					
05	Pienso que uno solo debe ayudar a sus amigos					
06	Organizo actividades para integrar a los compañeros aislados					
07	Presto atención cuando alguien necesita de mí					
08	Me alegro con los logros de mis compañeros de menor rendimiento					
09	Sufro con las penas y tristezas de mis compañeros					
10	Incentivo a mis compañeros a superarse como estudiantes					
11	Me burlo de mis compañeros cuando se equivocan					

12	Estoy dispuesto a colaborar para que el curso sea más unido					
13	Pienso que es importante tener amigos en el colegio					
14	Me agrada visitar a mis compañeros cuando están enfermos					
15	No perjudico a ningún compañero aunque se lo mereciera					
16	Me molesta compartir con aquellos que no son mis amigos					
17	Comparto mi colación si un compañero no trae la suya					
18	Me desagrada escuchar las disertaciones de algunos compañeros					
19	Considero que uno no puede ser amigo de todo el curso					
20	Me acerco al compañero que no tiene amigos en el curso					

Otros instrumentos

Existen otros instrumentos de evaluación que se pueden emplear en los saberes conceptual y procedimental. Añorve (2010) propone las siguientes herramientas.

1. Matriz de valoración o rúbrica de evaluación
    - Comprensiva y analítica
2. Lista de cotejo
3. Portafolio de evidencias
4. Pruebas de desempeño
5. Escalas de apreciación

- Numéricas
- Gráficas
- Descriptivas

6. Registro descriptivo
7. Registro anecdótico
8. Guía de observación
9. Guía de evaluación de proyectos

CAPÍTULO 3
ESTRATEGIAS PARA EL APRENDIZAJE DEPORTIVO EN LA EDUCACIÓN BASADA EN COMPETENCIAS

En este capítulo se exponen las características principales de los modelos de aprendizaje constructivista utilizados en la educación basada en competencias (EBC). Algunos de estos modelos se implementan ya en el entrenamiento deportivo para incentivar el pensamiento reflexivo y la toma de decisiones, elementos esenciales en la práctica del deporte. A partir de nuestra experiencia cotidiana, compartida con muchos otros colegas, estamos convencidos de que "el desarrollo de la competición deportiva provoca situaciones en las que las respuestas, las acciones motrices que se realizan, son fruto de un proceso mental que implica una capacidad perceptiva y de decisión" (Jiménez Sánchez, 2009, p. 3).

El deporte es un espacio privilegiado para fomentar el aprendizaje en la toma de decisiones, y este aprendizaje, según Jiménez Sánchez, se verifica como un "proceso mental por el que la persona, tras la percepción del entorno, selecciona y planifica una respuesta idónea", definición que concuerda con el paradigma de la educación basada en competencias. En este capítulo el lector hallará una serie de propuestas que pretenden coadyuvar a la comprensión, adaptación y utilización de los modelos de aprendizaje constructivista en el entrenamiento deportivo dentro del ámbito escolar.

MODELO DE APRENDIZAJE SIGNIFICATIVO

Perrenoud sugiere no utilizar métodos didácticos tradicionales en el aprendizaje significativo, como el método expositivo verbal que suele ser pasivo y memorístico, lo cual trae como consecuencia la adquisición de datos sin sentido. Ausubel, por su parte, defiende el discurso docente como método didáctico, ya que considera que puede aportar elementos valiosos para un aprendizaje significativo. El problema del método expositivo radica en la pericia para llevarlo a cabo con éxito. Incluso las prácticas basadas en el descubrimiento pueden caer en la monotonía e irrelevancia.

Para el profesor de psicología de la educación en la Universidad Estatal de Nueva York en Buffalo, Thomas J. Shuell, el aprendizaje significativo comprende las tres fases mostradas en el cuadro 3.1 (Díaz-Barriga y Hernández, 1999).

Cuadro 3.1 Fases del aprendizaje significativo

Fase inicial	Fase intermedia	Fase final
El alumno cuenta con hechos o partes de información que están aislados conceptualmente. Memoriza hechos y usa esquemas preexistentes (aprendizaje por acumulación). Las estrategias de procesamiento son de carácter global. Escaso conocimiento específico del dominio. Uso de estrategias generales independientes del dominio. Uso de conocimientos de otro dominio. La información adquirida es concreta y vinculada con el contexto específico. Uso de formas simples de aprendizaje: • Condicionamiento. • Aprendizaje verbal. • Estrategias mnemónicas. Gradualmente se va formando una visión globalizadora del dominio.	Formación de estructuras a partir de fragmentos de información aislados. Comprensión más profunda de los contenidos al aplicarlos a situaciones diversas. Conocimiento más abstracto que puede ser generalizado a varias situaciones (menos dependiente del contexto específico). Uso de estrategias de procesamiento más sofisticadas. Organización. Mapeo cognitivo.	Mayor integración de estructuras y esquemas. Mayor control automático en situaciones *top-down.* Menor control consciente. La ejecución llega a ser automática, inconsciente y sin tanto esfuerzo. El aprendizaje que ocurre en esta fase consiste en: *a)* Acumulación de nuevos hechos a los esquemas preexistentes (dominio). *b)* Construcción de relaciones más complejas entre los elementos de las estructuras (esquemas). Manejo hábil de estrategias específicas del dominio.

Fuente: Tomado de Shuell, 1990.

Las tres fases propuestas por Shuell facilitan la comprensión de los procesos que experimenta el estudiante durante el aprendizaje significativo. Para simplificar este proceso, es conveniente que la información obtenida durante el aprendizaje esté vinculada con elementos que afecten la vida del estudiante (Rogers, 1977).

Se ha observado que el aprendizaje significativo dispara la capacidad de retención de los alumnos. Por ejemplo, los datos que pueden relacionarse con situaciones familiares se recuerdan con mayor facilidad, en comparación con la información expuesta sin generar ningún vínculo con la realidad del alumno (Vargas Beal, 2005).

El aprendizaje significativo exige, para su desarrollo, las condiciones mostradas en el Cuadro 3.2.

Cuadro 3.2 Condiciones para el aprendizaje significativo

Condiciones materiales (significado lógico)	Condiciones referentes al alumno (significado psicológico)
Relacionabilidad no arbitraria. Relacionabilidad sustancial. Estructura y organización.	Disposición o actitud. Naturaleza de la estructura cognitiva del alumno. Conocimientos y experiencias previos.

Fuente: Díaz-Barriga, 1999.

La relacionabilidad no arbitraria se refiere al manejo de contenidos accesibles para la comprensión de los alumnos. La relacionabilidad sustancial consiste en permitir al estudiante el manejo de los conceptos, que sea él mismo quien construya el significado de los conceptos desde sus propios conocimientos y experiencias previos.

Un significado lógico se podrá convertir en significado psicológico cuando el contenido presentado se adapte a la cognición del estudiante.

Modelo de aprendizaje situado

Según Vargas Beal (2005), en este modelo está implicada la utilización de contenidos curriculares en contextos específicos de ejecución. Para cada campo disciplinar (contenidos), se eligen y analizan las situaciones de la vida real en las cuales es posible desarrollar la disciplina (contexto de ejecución), y el alumno debe afrontar estas situaciones y resolverlas en función de sus dominios cognitivos.

La finalidad del aprendizaje situado es generar interés en el alumno. Habermas (2000, p. 19) considera que este interés está constituido por tres compenentes: "El interés por controlar la realidad, el interés por comprenderla de manera holística y el interés por transformarla o emanciparla a través de la acción de ciertas relaciones de poder".

Estos tres aspectos se refieren, respectivamente, a:

- Encontrar una causa y un efecto del conocimiento
- Identificar su relación con el mundo
- Discriminar la información para transformarla

Estas acciones obligan al alumno a tomar el control del proceso educativo y lo sacan de su estado pasivo, casi somnoliento, de la enseñanza.

Modelo de zona de desarrollo próximo

Introducido por Vygotski en la década de 1930 (Del Río Lugo, n.d.), este modelo de aprendizaje postula que el conocimiento actual del estudiante puede alcanzar un nivel mayor siempre y cuando esté guiado por una cognición superior. De acuerdo con este modelo, se puede presentar un tema cuya dificultad exceda la comprensión cotidiana del estudiante, y la correcta asimilación del tema será posible, en este caso, con la ayuda de guías con dominio superior sobre dicho tema.

De las investigaciones de Vygostki podemos destacar tres proposiciones:

1. La tarea educativa se sitúa siempre en contextos específicos y, en consecuencia, toda intervención educativa ha de ser adecuada a la realidad que busca intervenir.
2. Un problema puede abordarse desde diversos ángulos.

3. Las herramientas para alcanzar los aprendizajes no necesariamente tienen que situarse en las personas más capaces. Los libros, las revistas, las computadoras, la música y otros instrumentos pueden fungir como facilitadores.

Por último, es importante subrayar que el éxito de este concepto depende en gran medida del grado de dificultad de los temas propuestos: si son muy fáciles provocarán aburrimiento, y si son muy difíciles, frustración. Por tanto, el docente debe encontrar un punto medio que estimule el interés del alumno.

Modelo de situación problema

Este modelo se basa en la formulación de una pregunta que estimula el proceso de enseñanza en los alumnos (Prieto Hernández, 2010). En dicho proceso los alumnos hacen uso de la indagación, la reflexión, la deliberación, la confrontación de ideas y el análisis de posturas, para encontrar una respuesta lógica a la pregunta planteada.

Para aprovechar al máximo las bondades que ofrece este modelo, es preciso hacer algunas consideraciones:

1. El alumno no puede valerse únicamente de sus conocimientos previos para resolver la pregunta planteada.
2. El cuestionamiento debe invitar a la búsqueda del conocimiento.
3. El estudiante tiene "permiso" de equivocarse en su afán por hallar una respuesta.
4. El alumno puede elegir los procedimientos que considere pertinentes para responder el cuestionamiento.

Modelos comprensivos

En el modelo comprensivo se identifican dos variantes: los modelos comprensivos constructivistas, que se explicarán más adelante, y los modelos comprensivos basados en el juego, surgidos como una alternativa de enseñanza-aprendizaje a los esquemas clásicos técnicos (Yáñez Gómez, 2004). Estos últimos se apoyan en la práctica reiterada y monótona del gesto motor en el desarrollo deportivo.

Los modelos comprensivos basados en el juego consideran indispensable la ejecución de movimientos motrices dinámicos y lúdicos que demandan el pensamiento reflexivo y la comprensión cabal del alumno.

A continuación se explican diferentes modelos basados en el juego.

Modelo vertical centrado en el juego

Se caracteriza sobre todo porque los contenidos de sus aprendizajes están orientados a un solo deporte. Los deportes que se apoyan en este modelo van desde actividades de iniciación, como minideportes, hasta juegos reglamentados y más complejos, como el futbol. Una peculiaridad de este modelo es que las tareas que deben resolverse tienen hegemonía sobre la técnica (el *qué* antes del *cómo*).

Modelo horizontal, estructural y funcional de enseñanza

Permite la práctica de deportes que comparten la misma estructura y la misma dinámica. Al igual que el modelo anterior, la prioridad es enseñar *qué se va hacer* antes de *cómo se va a hacer*.

Blázquez sugiere jugar con la estructura del espacio, las reglas y la comunicación motriz para desarrollar el deporte. "Si las pedagogías tradicionales ponen el acento en los elementos técnicos y gestuales, las pedagogías activas lo ponen en las relaciones que se establecen entre estos elementos" (Yáñez Gómez, 2004, p. 121).

Lasierra (1990) identifica tres fases en este modelo:

- *Fase 1. Familiarización.* Consiste en pasar de actividades que permitan al aprendiz conocer los medios con que se juega el deporte, a tareas que poco a poco impliquen las exigencias del esquema deportivo. Esta fase se subdivide en cuatro etapas.

- Etapa 1. El balón como centro de atención. Se desarrollan actividades que permiten al alumno el control coordinado del balón.
- Etapa 2. Traslado del balón. El alumno enfrenta retos en los que debe trasladar el balón con la cooperación de uno o varios compañeros.
- Etapa 3. Traslado del balón con una oposición. El alumno tiene la tarea de mantener el control del balón y avanzar con la ayuda de sus compañeros, enfrentando una oposición (jugador contrario).
- Etapa 4. Estructuración progresiva de las características diferenciales de cada deporte en equipo. En la última etapa, los aprendices –de acuerdo con la posición que ocupan en ese momento (ofensivo o defensivo)– deben establecer una serie de acciones para trasladar el balón o quitar la posesión, según sea el caso.

- *Fase 2. Desarrollo de los elementos básicos de la táctica individual.* Se introduce al alumno en las posiciones que puede desempeñar cuando tiene y no tiene el balón, esto es, las posibilidades individuales ofensivas y defensivas.
- *Fase 3. Desarrollo de los elementos básicos de la táctica colectiva.* Los alumnos conocen las variables decisionales que pueden presentarse al hacer equipo con otros compañeros.

Modelo horizontal centrado en el juego

Se basa en la construcción de aprendizajes significativos desde la práctica de deportes que poseen estructuras, tácticas y estrategias similares; un aspecto importante es que la semejanza entre los deportes posibilita la transferencia de saberes.

La técnica ocupa, en este modelo, un lugar relevante en la comprensión de la estructura del juego, pero sobre todo intenta dar una respuesta a la pregunta de qué hacer antes de responder al cuestionamiento de cómo hacerlo.

Una de las principales diferencias de este modelo respecto al anterior es que no establece etapas de aprendizaje, sino que postula el siguiente orden metodológico:

- Fase de iniciación integrada horizontal.
- Fase de utilización de juegos modificados o minideportes.
- Fase de utilización del deporte en sí.

Modelos comprensivos constructivistas

En el aprendizaje constructivista se plantea, por un lado, la evolución del desarrollo comprensivo del estudiante y, por otro, la construcción de saberes a partir de sus conocimientos previos, que son resultado de sus vivencias y de las estructuras internas que hacen posible que el sujeto conceptualice su entorno. El alumno asume así un papel activo y el profesor funge como mediador para alcanzar el conocimiento.

Una de las principales tareas en este modelo consiste en establecer retos cognitivos que susciten en el alumno el interés por resolverlos; la resolución de los retos debe culminar con la apropiación de un nuevo saber.

En el desarrollo del aprendizaje constructivista, se identifican los siguientes elementos: i) conocimientos previos del alumno y ii) tareas que, además de despertar el interés y la motivación del alumno, sean significativas, es decir, que el alumno encuentre valor en su ejecución.

Con base en el modelo comprensivo constructivista, se explicarán ahora sus distintas variantes en el deporte.

Modelo constructivista horizontal

La premisa es esta: partir siempre del conocimiento que tiene el alumno para construir otros nuevos. En el entrenamiento deportivo se busca, por ejemplo, la práctica de deportes con la misma estructura de juego o que presenten situaciones tácticas similares, para que el alumno pueda transferir el saber construido en un deporte a otro. Dicha transferencia de conocimiento es posible siempre y cuando los problemas que deban resolverse tengan el mismo nivel de dificultad, y esto es lo que permite al estudiante utilizar indistintamente los saberes construidos en cada deporte.

En este sentido, Jiménez Yáñez (2004) propone diseñar retos deportivos que sean semejantes en los aspectos técnico y táctico, disminuyendo incluso su complejidad motriz, pero con la intención explícita de que los alumnos entiendan la finalidad cognitiva de los retos: transferir conocimientos de un deporte a otro.

Contreras, De la Torre y Velázquez (Yáñez, 2004) estructuran este modelo con base en dos principios:

- *Principio de ataque.* Mantener el balón, avanzar y conseguir la meta.
- *Principio de defensa.* Quitar el balón, obstruir el paso y proteger la meta.

Estos principios pueden organizarse dentro de la actividad deportiva en el siguiente orden: se comienza con elementos ofensivos y luego se avanza a los defensivos; por último, se presentan tareas que incluyan ambos elementos. La complejidad de la construcción de las actividades deportivas tiene en cuenta las variables que siguen:

- Situaciones sin colaboración y con oposición directa.
- Situaciones con colaboración y oposición.
- Situaciones sin colaboración y con oposición indirecta.
- Situaciones con colaboración ante obstáculos.
- Situaciones sin colaboración ni oposición.
- Ventaja y desventaja numérica.

Modelo constructivista vertical

En este modelo se comienza con conocimientos simples y su enseñanza se restinge a la práctica de un solo deporte. En la medida en que el alumno adquiera nuevos dominios, los utilizará para conseguir otros. Contreras, De la Torre y Velázquez (Yáñez, 2004) identifican tres fases en este modelo:

1. *Fase de familiarización.* Se enseña a los jóvenes las pautas generales para practicar el deporte, así como los principales retos del juego.
2. *Fase de desarrollo.* Se abordan de manera más profunda los roles y las funciones que ejerce cada participante, y se ofrecen técnicas motrices que permitan más opciones a la hora de resolver un problema.
3. *Fase de estructuración.* Se conjugan los aprendizajes individuales con el desempeño en equipo.

Modelo integrado

Este modelo, propuesto por el doctor en ciencias de la educación Francisco Javier Castejón Oliva y el doctor Víctor López-Ros (Yáñez, 2004), se enfoca en una sola especialidad deportiva en la que las actividades están articuladas de tal manera que el alumno comprenda el papel que desempeñan los patrones motores en la solución de tareas motrices dentro del deporte.

La técnica y la táctica deportivas no tienen un orden ni un valor porcentual preestablecido; se combinan de acuerdo con los objetivos, la habilidad y la comprensión del deportista. Todas las actividades tienen que diseñarse para que los aprendizajes referentes a la técnica y la táctica respondan a las necesidades cognitivas, procedimentales y actitudinales del alumno.

En consecuencia, las sesiones deportivas no requieren un equilibro entre los tiempos de trabajo para la táctica y la técnica.

Investigaciones como la de el doctor French en 1996 (Yáñez, 2004) demuestran que no hay resultados contundentes que prueben el beneficio de dar más tiempo de trabajo a una que a otra; sin embargo, es importante señalar que ambas son esenciales para lograr un dominio pleno de la naturaleza del juego deportivo.

Castejón Oliva y López-Ros (Yáñez, 2004, p. 144) resumen las ideas sobre el modelo integrado de la siguiente manera: "Si en una situación real de juego, en su contexto, la acción es técnica y táctica, deberíamos proponer secuencias de tareas que implicaran a ambos elementos de forma integrada y no empezar abiertamente por uno antes que el otro".

Formación táctica colectiva desde la perspectiva constructivista

En 2010, Cárdenas Vélez propuso desarrollar los aprendizajes del entrenamiento deportivo desde la perspectiva de las experiencias que permitían a los alumnos construir sus propios conocimientos.

Esto significaba que los alumnos serían capaces de identificar las características del juego deportivo, así como los componentes necesarios para practicarlo y dominarlo.

Por otro lado, los objetivos que puedan alcanzarse en el juego están sujetos al desarrollo individual y grupal.

A fin de contar con una orientación clara sobre los aspectos que deben trabajarse y los niveles de complejidad que hay que estimular, Cárdenas Vélez delinea fases de aprendizaje basadas en dos aspectos centrales en la adquisición de conocimientos dentro del deporte: las sesiones de aprendizaje y las competencias.

Para el autor, las competencias son de particular importancia ya que los modelos tradicionales difícilmente modifican la estructura de la competencia en el juego, condición que sirve como medio para comprender el saber deportivo.

Al modificar las reglas, el espacio y los jugadores de una competencia deportiva, los alumnos pueden racionalizar y entender las funciones que debe cumplir cada participante en el juego. Esta comprensión será transferible a la estructura real de la competencia.

En el cuadro 3.3 se presenta un esquema de los contenidos de formación táctica, etapa por etapa, del modelo constructivista.

Cuadro 3.3 Síntesis de los contenidos de formación táctica del modelo constructivista

Etapa	Objetivo general	Características de la competición	Estilo de juego				
			Desde el punto de vista espacial	En función del ritmo de juego	En función del grado de libertad	En función del grado de especialización	Medios tácticos integrados prioritariamente
1a	Juego con balón simple	3x3 Modificación de las reglas de Minibasket. Solo se puede hacer ayuda al poseedor del balón y en el interior de la zona.	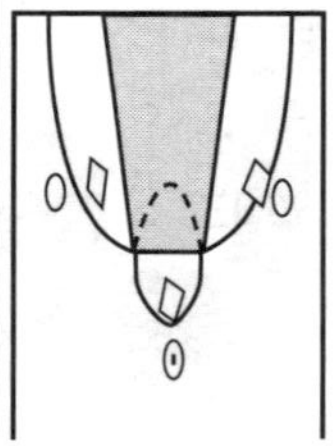 Juego con sentido de profundidad, de aproximación al cesto	Juego con sentido de transición para conseguir ventaja numérica o posicional	Máxima libertad de acción	Sin especialización alguna	Medios tácticos individuales OEL
2a	Juego con balón con ayuda. Juego sin balón simple.	3x3 Se pueden hacer ayudas contra el jugador con balón en cualquer lugar del terreno de juego. Se puede defender en todo el campo excepto cuando se consiga una renta de 20 puntos	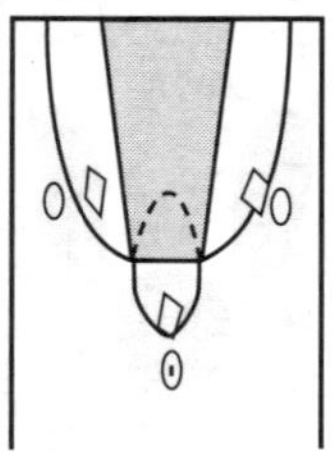 Juego con sentido de profundidad, de aproximación al cesto	Juego rápido de transición para conseguir ventaja posicional o numérica. Juego posicional dinámico	Máxima libertad de acción. El juego se basa en la actuación libre y espontánea de los jugadores atendiendo a la lógica del juego	No hay puestos específicos. Todos desempeñan diferentes funciones atendiendo a la lógica del juego	FDI BD PD

3a	Juego sin balón con ayuda	4x4 Solo se permite la defensa individual	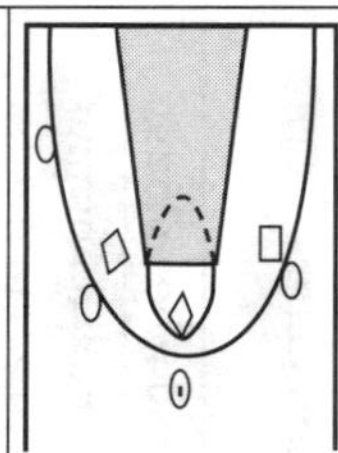 Juego con sentido de profundidad y de aproximación al cesto con o sin balón	Juego rápido de transición para conseguir ventaja posicional o numérica. Juego posicional dinámico	Juego semilibre basado en la aplicación de los principios de actuación que se derivan de la lógica interna del juego	No hay puestos específicos. Todos desempeñan diferentes funciones atendiendo a la lógica del juego	JT PP+I BD+I
4a	Juego sin balón complejo	5x5. Se permite la defensa individual y la defensa en zonas si tiene, exclusivamente, como finalidad presionar en todo el campo	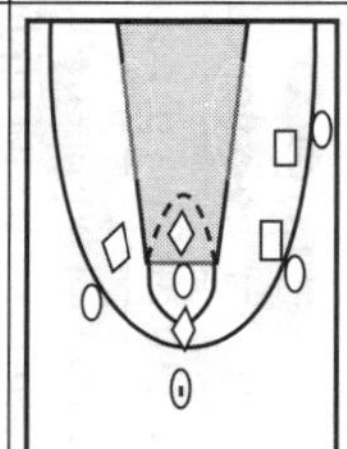 Juego con sentido de alejamiento y periférico	Juego rápido de transición para conseguir ventaja posicional o númerica. Juego posicional dinámico.	Juego semilibre basado en la aplicación de los principios de actuación que se derivan de la lógica interna del juego	Actúan en los puestos específicos de forma general y con intercambio libre entre ellos. Se juega con cuatro jugadores exteriores y un interior que intercambian funciones durante el propio ataque	BI DBD T
5a	Juego sin balón complejo especializado	5x5. Reglas similares a las del juego adulto. Se permiten todos los sistemas defensivos	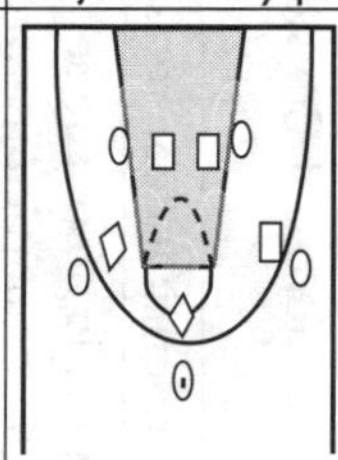 Juego con sentido de alejamiento y periférico	Variabilidad y alternancia tanto en la duración de las fases de ataque como en el ritmo de acción colectiva	Juego semilibre basado en la aplicación de los principios de actuación que se derivan de la lógica interna del juego, aunque con la obligación de jugar con tres exteriores y dos interiores	Se asignan funciones concretas, pero existe intercambio libre entre puestos específicos. Se juega con tres exteriores y dos interiores que intercambian funciones entre ataques	BID DBI

Fuente: Cuadro tomado de Cárdenas, 2010.

Modelo de competición en una escuela de baloncesto formativa

La Fundación Real Madrid ha adoptado, en el baloncesto, un modelo de competición cuyo objetivo es procurar una educación deportiva integral basada en estrategias constructivistas (Jiménez, 2010). Cabe señalar que la formación que imparte no busca desarrollar deportistas de élite, sino que se dirige, principalmente, a jóvenes en situación de riesgo.

El modelo competitivo que propone la Fundación privilegia la participación equitativa y el goce de las actividades por encima de la victoria. La competencia sirve entonces como una herramienta para ejercitar y consolidar valores humanos como la participación en equipo, la solidaridad, entre otros.

El aprendizaje en este modelo arranca con tareas que tratan de hacer comprensible la finalidad de las acciones y, simultáneamente, estimulan la reflexión en la resolución de un problema motor. Las actividades que se llevan a cabo generan en los jóvenes distintos patrones técnicos que les permitan ser eficientes y eficaces a la hora de jugar baloncesto.

En el siguiente cuadro se presentan los lineamientos generales seguidos por la Fundación Real Madrid para establecer su modelo de competición en el baloncesto.

Cuadro 3.4 Consideraciones para crear un sistema de competición en la iniciación de baloncesto
La competición debe tener como prioridad la participación de todos los niños.
El resultado no puede ser el único fin. El enterenador debe fomentar en primer lugar la colaboración entre los compañeros del equipo, el respeto a uno mismo y a los demás, así como la participación en el juego.
El entrenador debe inculcar a sus jugadores el respeto por las reglas y la persona encargada de hacerlas cumplir (árbitro). Es muy conveniente que los niños y los jóvenes vayan realizando esta función de árbitro, para que tengan conciencia de la dificultad que implica esta tarea.
El responsable del grupo debe posibilitar la participación de todos los jugadores y jugadoras en las competiciones, sin excluir a los menos hábiles.
La conpetición debe ser un vehículo importante de transmisión de valores positivos.

Fuente: Cuadro tomado de Jiménez, 2010.

Con el tiempo ha habido cambios que, sin duda, han afinado el modelo original. El cuadro 3.5 muestra una propuesta encaminada a mejorar el modelo de competición.

Cuadro 3.5 Propuesta para mejorar el modelo de competición

Categoría	Núm. de jugadores	Espacio de juego	Balón	Tiempo de juego	Profesorado
BENJAMÍN	2 contra 2	Medio campo	5B	Dos tiempos de 10 minutos con 2 minutos de descanso entre tiempos	Los jugadores son el árbitro Profesor-orientador
ALEVÍN	3 contra 3	Medio campo	5B	Tres tiempos de 8 minutos con 2 minutos de descanso entre tiempos	Los jugadores son el árbitro Profesor-orientador
INFANTIL	4 contra 4	Todo el campo	6B	Tres tiempos de 10 minutos con 2 minutos de descanso entre tiempos	Profesor-orientador Profesor-árbitro
CADETE	4 contra 4	Todo el campo	7B o 6B si hay chicas	Cuatro tiempos de 8 minutos con 2 minutos de descanso entre el 2° y 3er periodos	Profesor-árbitro Cada equipo con su entrenador

Fuente: Cuadro tomado de Jiménez, 2010.

Modelos de aprendizaje para la toma de decisiones

Existe un aspecto en el que coinciden tanto la educación basada en competencias como el constructivismo y el aprendizaje deportivo: la búsqueda de métodos, técnicas y medios que estimulen la toma de decisiones. La capacidad de tomar decisiones permite a los estudiantes resolver problemas de diversa índole basándose en el análisis del entorno y el pensamiento reflexivo.

En la concepción del doctor Damián Iglesias Gallego, los modelos tradicionales para la toma de decisiones en los deportes están orientados a la formación de patrones técnicos antes que a la consolidación de acciones tácticas. En estos modelos, según este autor, se concede poca importancia a la comprensión del juego y las tareas deportivas, y las sesiones se concentran en el perfeccionamiento de los gestos motrices de manera descontextualizada. Por el contrario, los modelos actuales dan prioridad a la práctica de tareas tácticas en situaciones similares a la competencia deportiva. Esta elección se justifica con el argumento de que si se expo ne al joven a circunstancias parecidas a las de una competencia real, se formará la necesidad de obtener gestos técnicos que le permitan resolver el conflicto deportivo. Esta dinámica procura que el alumno encuentre el significado y la utilidad de las ejecuciones técnicas.

Los modelos actuales de aprendizaje para la toma de decisiones han desplazado a la técnica como elemento central de las sesiones, y han dado mayor peso a la táctica. A este respecto, Thorpe, Bunker y Almond (1986) puntualizan que "… las ideas relacionadas con el qué hacer deberían ir antes que las de cómo hacerlo". Esta concepción constituye el núcleo de los "juegos para la comprensión": la táctica *(el qué)* antes que la técnica *(el cómo)* (Iglesias Gallego, p. 61).

Protocolo de supervisión reflexiva

En esta sección hablaremos sobre el protocolo de supervisión reflexiva sobre el conocimiento procedimental, la toma de decisiones y la ejecución en jugadores jóvenes de baloncesto. En su tesis doctoral al respecto, Iglesias Gallego intenta demostrar que dicho protocolo proporciona una mejora en el rendimiento de jóvenes basquetbolistas en la toma de decisiones, el conocimiento procedimental y la ejecución. Elaboró para ello un programa complementario al entrenamiento habitual que consistía en mostrar un video en el cual los jóvenes observaban las acciones que habían realizado en partidos anteriores. Las acciones mostradas en los videos eran principalmente sobre ejecuciones de tiro y pase. Al terminar un partido los jóvenes revisaban el video, y con ayuda de un supervisor, reflexionaban sobre las razones de sus acciones y las posibles alternativas de ejecución.

Con la finalidad de conocer el impacto de este procedimiento, se aplicó un cuestionario para valorar el conocimiento procedimental de cada jugador y se elaboró un informe escrito sobre el rendimiento individual del jugador con posesión de balón (ver cuadro 3.6).

<table>
<tr><th colspan="4">Cuadro 3.6 Pautas generales durante la investigación de Iglesias Gallego</th></tr>
<tr><td>Objetivo general</td><td colspan="3">El protocolo de supervisión reflexiva proporcionará un aumento significativo del conocimiento procedimental, del porcentaje de acierto en la toma de decisiones en juego, y del porcentaje de ejecuciones con éxito en juego, en los lanzamientos de canastas y pases.</td></tr>
<tr><td>Hipótesis general</td><td colspan="3">Protocolo de supervisión reflexiva para el análisis de la toma de decisiones del jugador</td></tr>
<tr><td>Intervención</td><td>Conocimiento procedimental</td><td>Toma de decisiones en el juego: lanzamiento a canastas y pase</td><td>Ejecución en juego: lanzamiento a canastas y pase</td></tr>
<tr><td>Variables dependientes</td><td>Cuestionario (Adaptado de McGree y Farrow, 1987)
Informe escrito (Adaptado de McPherson, 1999 a 2000)</td><td colspan="2">Observaciones del rendimiento individual del jugador de baloncesto en posesión del balón, en situación real de juego (French y Thomas, 1987)</td></tr>
<tr><td>Instrumentos</td><td>Fase A: Línea base</td><td>Fase B: Intervención</td><td>Fase C: Retención</td></tr>
<tr><td>Fases de la investigación</td><td>5 encuentros de competición</td><td>10 encuentros de competición</td><td>5 encuentros de competición</td></tr>
</table>

Fuente: Cuadro tomado de Iglesias Gallego, p. 77.

Los resultados de la investigación demuestran que el programa propuesto de supervisión reflexiva incrementa de manera significativa los conocimientos procedimentales, la toma de decisiones y la ejecución en los jóvenes deportistas. Además, con esta investigación se consolida la idea de utilizar dinámicas dirigidas a fortalecer un pensamiento táctico.

Aprendizaje por disciplina dinámica

Para Sánchez Galán (2009) existen dos formas diametralmente opuestas de impartir la disciplina en la educación deportiva: la tradicional o conductista y la cognitiva o constructivista.

En la disciplina conductista los comportamientos se regulan por medio de refuerzos y castigos; cuando un joven incurre en una conducta contraria a los lineamientos establecidos en un deporte, el profesor aplica un castigo; en caso contrario, el joven recibe un estímulo por su conducta apropiada.

En la disciplina constructivista la conducta del deportista se regula en colaboración con el joven. De este modo se busca que el alumno tome conciencia de las acciones que realiza y de la repercusión –negativa o positiva– que pueden tener en el entorno deportivo. Si bien en un principio el entrenador establece ciertos castigos para las acciones inapropiadas, tendrá que procurar más adelante que sean los mismos alumnos quienes evalúen sus actos y asuman las responsabilidades correspondientes.

Este tipo de disciplina apela también a la reflexión sobre los comportamientos inadecuados. La reiteración de este tipo de comportamientos es señal de que las tareas, las dinámicas y las sesiones resultan poco estimulantes para los jóvenes.

Mejora de la capacidad selectiva

Aquí analizaremos el proceso de mejora de la capacidad selectiva de un jugador de baloncesto mediante la enseñanza orientada al aprendizaje de la táctica.

Una característica importante que diferencia un jugador novato de un experto es la capacidad de actuar dentro de los espacios disponibles en la cancha. Alarcón López (2010) diseñó un programa para incrementar esta capacidad táctica que constituye un aspecto clave para la toma de decisiones en el baloncesto.

La elaboración de este programa se basó en modelos constructivistas de aprendizaje que, según el autor, estimulan el conocimiento significativo y a la vez permiten "que los jugadores tomen conciencia de la necesidad de los aprendizajes para afrontar los problemas que surgen en el juego" (Butler, 1996, en Alarcón, 2010, p. 102).

A fin de conocer el impacto del programa, se aplicó una prueba en la que se les mostraba a los deportistas una secuencia de videos que incluían situaciones de juego; la intención era que identificaran los movimientos ofensivos y defensivos relevantes para la toma de decisiones en situaciones futuras de juego.

Los datos de la prueba demostraron que, en muchas ocasiones, los participantes ponen mayor atención en los movimientos de sus compañeros que en las acciones defensivas de sus adversarios.

En la prueba participaron jugadores de 18 a 21 años de edad del equipo de baloncesto de la Universidad de Murcia; la frecuencia de las sesiones deportivas fue de tres veces a la semana, con una hora de duración por sesión, durante siete meses. A continuación, se enumeran las distintas fases en que se dividió la prueba.

1. Planteamiento inicial. El entrenador establece cuáles son los fundamentos de la sesión y hace hincapié en las pautas que deben atenderse durante las actividades.

2. Libre exploración. Los deportistas juegan mientras el profesor examina los aspectos que se trabajaron.

3. Reflexión. Se pregunta al deportista cuáles son los conocimientos aprendidos en la sesión y la funcionalidad que identifica en la práctica del juego. Lo anterior permite a los jóvenes no solo hallar la utilidad de los aprendizajes sino, sobre todo, trasladar estos saberes a otras áreas de vida.

4. Provocación. Esta fase se realizó de manera grupal e individual. Se pidió al deportista que encontrara nuevas soluciones a las ejecuciones erróneas (tiros, pases, etc.) de acuerdo con los principios básicos del juego.

5. Presentación de nuevas alternativas. Se muestra al deportista cuál es la mejor opción ante la oposición de un contrincante, al tiempo que

se exponen las acciones que tuvieron que realizar los adversarios para llegar a dicha situación.

6. Reforzamiento específico. El deportista realiza una acción ofensiva con base en el comportamiento del defensa. La acción defensiva estará limitada a ciertos movimientos determinados por el entrenador.
7. Perfeccionamiento técnico. Los deportistas practican patrones motores de baloncesto en condiciones no adversas.
8. Contrastación. El deportista aplica los conocimientos aprendidos. El entrenador especifica las acciones que se pueden ejecutar.
9. Visualización. Se mostró a los deportistas videos de los partidos jugados hasta el momento, y se plantearon preguntas dirigidas a estimular la reflexión sobre los comportamientos y las ejecuciones.

Al final se volvió a realizar la misma prueba para comparar la información obtenida. Los resultados mostraron que hubo incrementos porcentuales significativos en la capacidad de los jugadores para observar acciones ofensivas y defensivas. En las acciones ofensivas se pasó de 70.5% a 96.5%, mientras que en las defensivas el incremento fue de 0% a 89.3%.

Esta investigación destaca la importancia de implementar actividades reflexivas en un marco constructivista, ya que las actividades de este tipo ofrecen mayores posibilidades de formar jugadores versátiles que, con base en el análisis del entorno, sean capaces de tomar decisiones.

CAPÍTULO 4.

CONTRIBUCIÓN DEL DEPORTE ESTUDIANTIL A LA EDUCACIÓN BASADA EN COMPETENCIAS

El paradigma de la educación basada en competencias (EBC) está transformando profundamente los sistemas de enseñanza-aprendizaje de todas las instituciones educativas de nuestro país. En este marco de transformaciones, las actividades escolares y extraescolares deben ser congruentes con el desarrollo de conocimientos, habilidades y actitudes clave en la solución de problemas de la vida cotidiana.

Las actividades educativas que soslayen este llamado al cambio corren el riesgo de quedar rezagadas. El deporte estudiantil ha atendido este llamado y se consolida hoy como una poderosa herramienta pedagógica que coadyuva en la formación de competencias genéricas, además de ser un medio para promover el estado de salud de la población joven.

Uno de los objetivos de este capítulo es examinar cuál es el papel que desempeña la actividad deportiva dentro de la EBC, ya que en la actualidad cada escuela fomenta el deporte de acuerdo con sus objetivos e intereses particulares.

En las instituciones educativas el deporte tiene que visualizarse desde una perspectiva diferente de la que solo fomenta la práctica deportiva como una competencia en la que hay ganadores y perdedores, y cuyo resultado es la formación de deportistas incapaces de comprender el mundo que los rodea. Este no puede ser ya el enfoque del deporte dentro del ámbito educativo; la práctica del deporte, tanto en entrenamientos como en competencias, debe estimular una educación holística acorde con la EBC que promueve la Reforma Educativa.

Como se ha señalado, todo conocimiento debe considerar el saber qué, el saber hacer y el saber ser. Sin descuidar los dos primeros, consideramos que el deporte estudiantil orientado a la EBC tiene la facultad de desarrollar en el alumno valores y actitudes positivas. Por ejemplo, en el baloncesto los jóvenes deben mostrarse tolerantes para aceptar las observaciones que les haga un compañero, sin importar el nivel de juego de este. Otro ejemplo es el trabajo colaborativo y la solidaridad que se fomentan en la práctica de este deporte. El estudiante aprende a respetar el esfuerzo de los demás y a colaborar con ellos si se desea alcanzar objetivos personales y grupales.

Por otro lado, el entrenamiento programado de cualquier deporte genera en los jóvenes cambios de actitudes, como dejar la pereza y adoptar la disciplina, la constancia y la entrega.

Con frecuencia, las competencias deportivas hacen surgir en los estudiantes valores y actitudes que no siempre son los esperados; no debe ignorarse el hecho de que competir y ganar representa un elemento sumamente atractivo para ellos; sin embargo, esto es solo parte de la actividad deportiva. La atención debe centrarse más en el proceso que en el resultado, más en los valores y las actitudes que en competir y ganar.

Si el entrenamiento y la competencia se realizan de acuerdo con un modelo constructivista, el aspecto cualitativo adquiere más peso que el cuantitativo; el resultado, por tanto, deja de ser lo más importante y el proceso se convierte en el foco de atención. Como se ha señalado a lo largo de esta obra, diversos autores están trabajando actualmente en este cambio de perspectiva.

El Cuadro 4.1 ofrece un panorama de lo que sucede en la competición deportiva cuando se pone el acento en el proceso o en el producto.

En este cuadro se aprecia con claridad la importancia de que el deporte estudiantil se aleje de una concepción centrada en el resultado. Al trabajar en el proceso se está dando a la actividad deportiva un carácter formativo propio de la educación basada en competencias. El deporte se convierte así en una estrategia que fomenta no solo valores y actitudes, sino que estimula el pensamiento reflexivo y la toma de decisiones a través del trabajo colaborativo, que son elementos fundamentales en la desarrollo de competencias para la vida.

El deporte estudiantil es, sin duda, una herramienta de aprendizaje integral. Su práctica aparta a los jóvenes de situaciones que pueden afectar su vida y, al mismo tiempo, les facilita la comprensión de los problemas y las tareas de su entorno. Además, el deporte en el ámbito escolar cumple con otra característica de la educación basada en competencias, la de que todo conocimiento sea transferible y transversal.

Cuadro 4.1 Competición como proceso o producto		
Autor	Competición como proceso	Competición como producto
Añó (1997)	Expresa las habilidades humanas Canaliza la agresividad Es un factor de cohesión Es un aprendizaje para la victoria y para la derrota	Es selectiva, sexista y elitista Aumenta la agresividad Provoca enfrentamientos sociales Persigue el éxito por encima de todo
Antón (1999)	Agonismo Medio imprescindible para la progresión Disponibilidad de un mayor repertorio de respuestas Autovaloración Favorece la capacidad de análisis y apreciación de las situaciones y el desarrollo del espíritu autocritico. Desarrolla el pensamiento táctico globalizado Permite desarrollar la capacidad de sobreponerse y vencer las emociones negativas Provoca oportunidades para superar obstáculos de diferentes niveles de dificultad Posibilita la formación de la confianza del jugador en sus propias fuerzas, ayudándole a conocer sus limitaciones	Rivalidad Fuentes de conflicto social Ganar por encima de todo Eficacia inmediata
Feu (2001)	Satisfacción personal Diversión Superación personal Provoca aprendizaje	Estrés Falta de motivación Abandono de la práctica deportiva
Damas y Julián (2002)	Motivación hacia la práctica Aprendizaje táctico Regla del deporte Entrenamiento psicológico Autoevaluación	Alto grado de motivación significa una disminución de la atención hacia la conducta correcta Si su duración es muy elevada, y no hay objetivos concretos puede disminuir su carácter motivacional Mayor complejidad que las situaciones no competitivas

Fuente: Piñar López, 2010, p. 75.

Planificación deportiva desde la educación basada en competencias

Son múltiples las razones por las que el deporte estudiantil debe situarse en un marco de educación basada en competencias. A continuación, se ejemplifica una propuesta de planificación deportiva con este paradigma educativo. Trabajaremos con el baloncesto, ya que tiene la ventaja de ser un deporte que se practica en la mayoría de las instituciones educativas.

Antes de comenzar la planificación, conviene hacer las siguientes precisiones: los conocimientos que se construyan deben partir de un análisis de la estructura formal y funcional del deporte elegido, en este caso el baloncesto. Por estructura formal nos referimos a todos los elementos que son parte del deporte, como el balón, la canasta, las reglas, etc. La estructura funcional alude a las distintas formas en que el entrenador y el deportista interactúan con la estructura formal durante el juego.

El cuadro 4.2 enlista los aspectos de ambas estructuras, así como la manera en que se relacionan en los contenidos del reglamento de baloncesto.

Cuadro 4.2 Aspectos formales y funcionales

Aspectos formales	Aspectos funcionales
Características y dimensiones de los espacios de juego.	Formas de utilizar el balón y los implementos cuando existen.
Descripción de los materiales que se usan.	Formas de participación de los jugadores y la relación con sus compañeros.
Número de jugadores que participan y la forma en que pueden intervenir.	Formas de relacionarse con los adversarios.
Forma de puntuar y cómo ganar o perder.	Formas de utilizar los espacios de juego.
Tiempo total de juego, su división y control.	Penalizaciones a las infracciones de las reglas.
Ritos y protocolos.	

Fuente: Eiroá, 2000, p. 38.

Los conocimientos que se deben identificar y dominar durante la actividad deportiva se relacionan con los elementos funcionales del baloncesto, que, de acuerdo con Eiroá (2000), son el reglamento, el espacio de juego, el tiempo, la comunicación, el balón, la técnica y la táctica. Si no se consideran estos elementos, el aprendizaje carecerá de significado y los saberes perderán su eficacia dentro del baloncesto.

Lo más importante es identificar qué conocimientos conceptuales, procedimentales y actitudinales hacen posible el correcto desarrollo del juego, o dicho de otro modo: lo importante es "conocer la realidad que afecta al deportista", que en este caso es el partido mismo. Todo aprendizaje que se pretenda abordar debe tomar en cuenta las tareas deportivas que ocurren en el juego. Una vez identificadas, hay que conocer también los intereses y las inquietudes de los alumnos, identificar su nivel de juego y los factores que dificultan la práctica deportiva concreta.

Se ha expuesto hasta aquí la relación entre el aprendizaje y la estructura formal y funcional dentro del baloncesto. A continuación, se definirá un perfil de competencias disciplinares extendidas que armonice con nuestro análisis previo.

Según el Acuerdo 444 del Diario Oficial de la Federación (DOF), las competencias disciplinares extendidas deben construirse a partir de los siguientes criterios verbales:

- Se inicia con uno o más verbos de acción conjugados en tercera persona de singular: analiza, predice, estima, establece, relaciona, distingue, interpreta, evalúa.
- Se evitan los verbos conjugados sabe, describe, conoce, reconoce, reflexiona y otros que no implican procesos complejos o acciones concretas.
- Después del verbo se expresa el contenido al que se refiere la competencia.
- Finalmente, en los casos en que es posible, se indica la situación o el contexto en que el verbo adquiere sentido.

En la formulación de las competencias disciplinares extendidas lo recomendable es evitar lo siguiente:

- El uso de adverbios ("calcular rápidamente", "relacionar eficazmente").

- El uso de frases que indican de forma ambigua la ejecución de la competencia ("escribir un ensayo con corrección").
- El uso de frases que describen el contexto de manera imprecisa ("cualquier fenómeno", "todo lo que lo rodea", "la realidad").
- El uso de palabras que limiten la comunicación de las competencias. Todas las competencias deben ser comprensibles para los maestros, independientemente de las asignaturas que tengan a su cargo.

Además, las competencias disciplinares extendidas tienen las siguientes características:

- Describen lo que se ha estimado necesario con el menor número de palabras.
- Son precisas, directas y concisas.
- Describen únicamente una capacidad.
- Son evaluables mediante distintas estrategias y con el apoyo de instrumentos diversos.

Una vez definidas las competencias disciplinares extendidas que se trabajarán, la tarea que sigue consiste en determinar qué instrumentos de evaluación se requieren para medir los avances programados en la planificación.

Estos instrumentos son fundamentales para obtener información que permita modificar y mejorar nuestra planificación; conviene recordar que para mejorar la planificación es necesario valorar la información relevante en la solución de problemas de la actividad deportiva.

Competencias disciplinares extendidas en el baloncesto

Para entender cómo se enmarca la práctica deportiva en la educación basada en competencias, exponemos un ejemplo de planificación en el que se desea desarrollar distintas competencias disciplinares extendidas. Como en el caso anterior, la planificación está pensada para el baloncesto practicado por jóvenes de nivel medio superior.

Las competencias a desarrollar están organizadas el Cuadro 4.3 de acuerdo con los cuatro componentes de la preparación deportiva (físico, técnico-táctico, psicológico y teórico (Forteza de la Rosa, 1999). El correcto dominio y el ejercicio de las competencias debe darse en un macrociclo.

Cuadro 4.3 Componentes de la preparación deportiva
Fundamentos individuales ofensivos
Selecciona uno o varios de los cuatro cambios de dirección para librarse de un defensa.
Utiliza la triple amenaza para encarar al defensa.
Utiliza los pivotes para generar espacios respecto al defensa.
Utiliza la parada en uno y en dos tiempos para resolver las tareas deportivas que se presentan en el juego.
Utiliza movimientos de desmarque –puerta atrás, girar, entrar y salir– para quitarse la defensa y recibir el balón.
Selecciona uno de los diversos tipos de tiros a la canasta de acuerdo con la posición del defensa.
Selecciona el pase de pecho, picado y de béisbol a una y dos manos en corta y larga distancia para dar el balón al jugador que se encuentre en mejor posición.
Utiliza diversas fintas para ejecutar acciones eficaces.
Encajona para obtener rebotes ofensivos.
Fundamentos individuales defensivos
Utiliza la posición fundamental defensiva para encarar al adversario.
Encajona para obtener rebotes defensivos.
Utiliza los desplazamientos defensivos para seguir al jugador que tiene el balón.
Estorba la mecánica de tiro del jugador ofensivo.
Utiliza el principio del triángulo para marcar al jugador sin balón.
Dirige al jugador ofensivo hacia su lado débil o hacia las líneas delimitantes de la cancha.
Cierra la línea de pase al jugador más peligroso.
Mantiene una distancia adecuada contra el jugador que lleva el balón de acuerdo con su potencial ofensivo.

Mantiene una distancia adecuada contra el jugador sin balón de acuerdo consu potencial ofensivo.
Genera faltas ofensivas al ganar la posición defensiva.
Utiliza movimientos de arriesgue como última opción.
Fundamentos colectivos ofensivos
Utiliza pases y cortes para generar opciones de tiro.
Utiliza pantallas directas, fintas de pantallas directas y pantallas indirectas para generar opciones de tiro.
Utiliza despejar para generar opciones de tiro.
Ejecuta lanzamientos con los principios del rompimiento rápido.
Utiliza los principios del sistema ofensivo que se requiere.
Fundamentos colectivos defensivos
Entorpece los cortes de los jugadores ofensivos.
Genera movimientos para impedir que los ofensivos realicen pantallas.
Utiliza los conceptos de lado fuerte y lado débil para marcar al defensa.
Dirige al ofensivo hacia una ayuda defensiva.
Utiliza los principios de defensa tándem para cerrar espacios.
Utiliza los principios de defensa en triángulo para cerrar espacios.
Utiliza los principios del sistema defensivo que se requiere.
Competencias disciplinares extendidas en la preparación física
Desarrolla el VO2 máx necesario para jugar baloncesto.
Utiliza la resistencia anaeróbica láctica para hacer defensas presionantes.
Realiza gestos explosivos a lo largo de los entrenamientos y partidos sin perder la calidad de ejecución.
Utiliza técnicas motrices de basquetbol con los niveles de fuerza que se requieren para efectuarlos eficientemente.
Competencias disciplinares extendidas en la preparación psicológica
Adquiere un estado de ánimo óptimo para su rendimiento en los entrenamientos y partidos.
Competencias disciplinares extendidas en la preparación teórica
Esquematiza los movimientos e identifica los nombres de los sistemas ofensivos y defensivos, y de las jugadas que se entrenaron.

Establecidos ya los desempeños que se pretende dominar, es necesario determinar qué instrumentos se utilizarán para conocer los efectos de nuestras intervenciones.

Evaluación de las competencias disciplinares extendidas en el baloncesto

Los cuadros 4.4 a 4.8 son algunos instrumentos de evaluación que pueden utilizarse de acuerdo con las competencias disciplinares extendidas que se quieren desarrollar.

Cuadro 4.4 Evaluación técnico-táctica. Fundamentos individuales ofensivos					
Escala de apreciación					
Aspectos a observar	5	4	3	2	1
Ejecuta cambios de dirección sin perder control del balón					
Tiene una postura balanceada al recibir el balón					
Enfrenta al defensa al recibir el balón					
Ejecuta paradas en uno y en dos tiempos en situaciones marcadas por el entrenador					
Ejecuta movimientos de desmarcaje de acuerdo con los lineamientos técnicos					
Se libra del defensa para recibir el balón					
Selecciona los tiros a la canasta de acuerdo con la posición del defensa					
Ejecuta tiros a la canasta sin deformar su técnica en acciones de juego					
Ejecuta diversas fintas en situaciones de presión					
Desbalancea a los defensas con fintas de movimiento en acciones de juego					
Genera un cerco con su cuerpo para ir por el rebote ofensivo					

Gana la posición para ganar el rebote ofensivo en situaciones de juego					

Escala	Descripción
5	Siempre ejecuta los requerimientos planteados
4	Casi siempre ejecuta los requerimientos planteados
3	A veces ejecuta los requerimientos planteados
2	Casi nunca ejecuta los requerimientos planteados
1	Nunca ejecuta los requerimientos planteados

Cuadro 4.5 Lista de cotejo. Fundamentos individuales defensivos

Escala de apreciación					
Aspectos a observar	5	4	3	2	1
Establece una posición fundamental defensiva para desplazarse					
Baja su posición defensiva de acuerdo con la altura del ofensivo al que esté marcando					
Genera un cerco con su cuerpo para ir por el rebote defensivo					
Mantiene una postura balanceada para saltar por el rebote defensivo					
Gana la posición para ganar el balón en el rebote defensivo en situaciones de juego					
Ejecuta desplazamientos defensivos de acuerdo con los lineamientos técnicos					
Mantiene una distancia respecto al ofensivo que le permite estorbar el tiro					
Señala con un brazo al jugador sin balón y con el otro brazo al ofensivo con móvil					
Dirige al ofensivo hacia la derecha o izquierda, según lo indique la situación marcada por el entrenador					
Utiliza su brazo para cerrar la línea de pase					
Mide la distancia contra su ofensivo con balón de acuerdo con su potencial de ataque					

Mide la distancia contra su ofensivo sin balón de acuerdo con su potencial de ataque					
Ejecuta desplazamientos que le permiten tener siempre de frente al jugador con balón					
Lee los movimientos de sus ofensivos en situaciones de juego y ejecuta jugadas de arriesgue					

Escala	Descripción
5	Siempre ejecuta los requerimientos planteados
4	Casi siempre ejecuta los requerimientos planteados
3	A veces ejecuta los requerimientos planteados
2	Casi nunca ejecuta los requerimientos planteados
1	Nunca ejecuta los requerimientos planteados

Cuadro 4.6 Fundamentos colectivos ofensivos

Escala de apreciación

Aspectos a observar	5	4	3	2	1
Ejecuta cortes al aro para generar opciones de tiro					
Pasa el balón y corta para generar opciones de tiro					
Pasa el balón al jugador que cuando corta tiene el espacio de tiro					
Ejecuta pantallas y fintas de pantallas para generar opciones de tiro					
Aprovecha las pantallas para ejecutar tiros cómodos					
Despeja la cancha para generar espacios que reditúen en tiros cómodos					
Ejecuta los principios del rompimiento rápido					
Utiliza los principios del sistema ofensivo que se esté solicitando					

Escala	Descripción
5	Siempre ejecuta los requerimientos planteados
4	Casi siempre ejecuta los requerimientos planteados
3	A veces ejecuta los requerimientos planteados

2	Casi nunca ejecuta los requerimientos planteados
1	Nunca ejecuta los requerimientos planteados

Cuadro 4.7 Fundamentos colectivos defensivos					
Escala de apreciación					
Aspectos a observar	5	4	3	2	1
Ocupa espacios que impiden cortes libres de los jugadores ofensivos					
Ejecuta movimientos que evitan la funcionalidad de las pantallas					
Flota al ofensivo sin balón, de acuerdo con la distancia a la que se encuentre este del móvil					
Utiliza su postura y sus desplazamientos para llevar a su ofensivo hacia otro defensa					
Utiliza los principios de la defensa tándem					
Utiliza los principios de la defensa en triángulo					
Utiliza los principios de la defensa en cuadro					
Utiliza los principios del sistema defensivo que se le indica					

Escala	**Descripción**
5	Siempre ejecuta los requerimientos planteados
4	Casi siempre ejecuta los requerimientos planteados
3	A veces ejecuta los requerimientos planteados
2	Casi nunca ejecuta los requerimientos planteados
1	Nunca ejecuta los requerimientos planteados

Cuadro 4.8 Evaluación física					
ESCALA DE APRECIACIÓN					
Aspectos a observar	5	4	3	2	1
Ejecuta ofensivas y defensivas sin deterioro en sus gestos motrices					

Ejecuta defensas presionantes sin deterioro en sus gestos motrices					
Ejecuta acciones explosivas con la misma calidad de ejecución					
Ejecuta técnicas de alta exigencia en fuerza					

Escala	**Descripción**
5	Siempre ejecuta los requerimientos planteados
4	Casi siempre ejecuta los requerimientos planteados
3	A veces ejecuta los requerimientos planteados
2	Casi nunca ejecuta los requerimientos planteados
1	Nunca ejecuta los requerimientos planteados

Además de las tablas anteriores, también se pueden utilizar distintos tests y pruebas para evaluar las competencias físicas.

Test Course Navette

Mide de manera indirecta el consumo máximo de oxígeno (VO2 máx) en los deportistas mediante una prueba que consiste en recorrer una distancia de 20 metros, de ida y vuelta, en un tiempo determinado. A medida que transcurra la prueba, se reducirán los intervalos de tiempo para el recorrido. El test termina cuando el deportista no pueda completar el recorrido en el tiempo estipulado. Durante la prueba los tiempos serán anunciados con ayuda de un CD de audio.

Además de calcular el VO2 máx, este test calcula el VO2 relativo y el VO2 absoluto. Las fórmulas para calcularlos son:

VO2 relativo = 5.857 × velocidad (km/h)

VO2 absoluto = 65.46 × peso

Aunque el test Course Navette no calcula la velocidad aeróbica máxima (VAM), es posible hacerlo a partir de los resultados arrojados por el test. La VAM es la velocidad de carrera alcanzada por un atleta cuando su consumo de oxígeno es máximo (VO2 máx). La fórmula es la siguiente (Vargas, 2008):

VAM = 1.502 × velocidad de estadio

Test de potencia de piernas en salto vertical

El deportista se coloca de costado a una pared y con la mano estirada marca el punto más alto al que puede llegar sin levantar los talones. Posteriormente, realiza un salto vertical y marca con la misma mano el punto más alto al que puede llegar con el salto.

El espacio generado entre la primera y la segunda marcas indica la potencia de las piernas en el salto. Esta prueba se ejecuta tres veces y se toma la mayor distancia obtenida entre dos marcas (Lobato Aragón).

Prueba 1RM

Permite conocer cuántos kilogramos puede mover un deportista en una sola repetición (1RM). Para evitar el desgaste físico de los alumnos, la 1RM se puede calcular con ayuda de fórmulas de predicción de peso máximo, con las que es posible conocer cuál es la carga máxima sin necesidad de levantar pesos máximos. Estas fórmulas de predicción implican una intensidad menor a la hora de mover el peso y están pensadas para no rebasar las 10 repeticiones.

Cuadro 4.9 Fórmulas de predicción para calcular la 1RM

Autor	Fórmula	Correlación	Rango de Rep. recomendado
Brzycki	% 1MR = 102,78-2,78 Rep 1MR = kg x100/(102,78-2,78*Rep)	Alta tren superior Moderada tren inferior	< 10
Eppley	1MR = (1 +0,033 x Rep) x kg	Alta tren superior Alta tren inferior	< 15
Lander	% 1MR = 101,3 - 2,67123 Rep	Alta tren superior Moderada tren inferior	< 15
Mayhew y col.	% 1MR = 52,2 +41,9x(e(-0,055* Rep)) 1MR= 100*kg/%1MR	Alta tren superior Alta tren inferior	6 a 20

Wathen	% IMR = 48,8 + 53,8*(e(-0,075* Rep)) IMR= 100*kg/%IMR	Alta tren superior Alta tren inferior	< 10
O,Conner y col.	IMR = Peso*(1+0,025 *Rep)	Alta tren superior Alta tren inferior	< 10
Lombardi	IMR = Rep + Kg (Rep) ^0,1	Alta	< 10

Fuente: Naclerio Ayllón, 2008, p. 65.

Escala de percepción del esfuerzo

Se utiliza para valorar la intensidad del esfuerzo que percibe el deportista al ejecutar las cargas al final del ejercicio o incluso al final de una sesión completa de entrenamiento. Aunque subjetiva, esta percepción sirve de parámetro en la planificación y evaluación continua de las competencias.

Grafica 4.1 Percepción del esfuerzo

Fuente: Moyano, 2010, p. 31.

Hasta este momento se han expuesto varios instrumentos de evaluación de las competencias disciplinares comprendidas en la preparación técnico-táctica y física. Se abordan ahora algunos instrumentos de evaluación para las competencias de la preparación psicológica y teórica.

Perfil de los estados de ánimo (POMS)

El perfil POMS es un cuestionario empleado para conocer el estado de ánimo del deportista antes y después de un partido. Dicho cuestionario tiene como objetivo identificar el perfil anímico idóneo para jugar un partido. El Cuadro 4.10 es un ejemplo de cuestionario POMS.

Cuadro 4.10 Cuestionario de Perfil POMS

Nombre:
Fecha:
Especialidad deportiva:
Competición:

Marque con una O el número que describa de mejor manera cómo se siente ahora.
0 = nada 1 = un poco 2 = moderadamente
3 = bastante 4 = muchísimo

1. Tenso	0	1	2	3	4
2. Enfadado	0	1	2	3	4
3. Agotado	0	1	2	3	4
4. Infeliz	0	1	2	3	4
5. Animado	0	1	2	3	4
6. Confundido	0	1	2	3	4
7. Adolorido	0	1	2	3	4
8. Agitado					
9. Apático	0	1	2	3	4
10. Enojado	0	1	2	3	4
11. Triste	0	1	2	3	4
12. Activo	0	1	2	3	4
13. A punto de estallar	0	1	2	3	4
14. Irritable	0	1	2	3	4

15. Abatido	0	1	2	3	4
16. Con mucha energía	0	1	2	3	4
17. Descontrolado	0	1	2	3	4
18. Desesperanzado	0	1	2	3	4
19. Relajado	0	1	2	3	4
20. Torpe	0	1	2	3	4
21. Rencoroso	0	1	2	3	4
22. Intranquilo	0	1	2	3	4
23. Inquieto	0	1	2	3	4
24. Incapaz de concentrarme	0	1	2	3	4
25. Fatigado	0	1	2	3	4
26. Molesto	0	1	2	3	4
27. Desanimado	0	1	2	3	4
28. Resentido	0	1	2	3	4
29. Nervioso	0	1	2	3	4
30. Solo	0	1	2	3	4
31. Desdichado	0	1	2	3	4
32. Aturdido	0	1	2	3	4
33. Alegre	0	1	2	3	4
34. Amargado	0	1	2	3	4
35. Exhausto	0	1	2	3	4
36. Ansioso	0	1	2	3	4
37. Con ánimo de luchar	0	1	2	3	4
38. Deprimido	0	1	2	3	4
39. Desesperado	0	1	2	3	4
40.Hecho polvo	0	1	2	3	4
41. Rebelde	0	1	2	3	4
42. Desamparado					
43. Sin fuerzas	0	1	2	3	4
44. Desorientado	0	1	2	3	4

45. Alerta	0	1	2	3	4
46. Decepcionado	0	1	2	3	4
47. Furioso	0	1	2	3	4
48. Eficiente	0	1	2	3	4
49. Lleno de energía	0	1	2	3	4
50. De mal genio					
51. Inútil	0	1	2	3	4
52.Olvidadizo	0	1	2	3	4
53. Despreocupado	0	1	2	3	4
54. Aterrorizado	0	1	2	3	4
55. Culpable	0	1	2	3	4
56. Vigoroso	0	1	2	3	4
57. Inseguro	0	1	2	3	4
58. Cansado					

Al comparar las respuestas del cuestionario con el desempeño del deportista en la competencia, es posible conocer qué estados emocionales son los más convenientes para su funcionamiento adecuado.

Los datos arrojados por este tipo de cuestionarios pueden graficarse para obtener el perfil POMS; los datos del cuadro 4.11 provienen de la aplicación real del cuestionario.

Cuadro 4.11 Resultados del cuestionario									
Items POMS								Puntuación	
1	2	16	4	31	0	46	0	Tensión	20
2	0	17	1	32	0	47	0	Depresión	1
3	0	18	0	33	2	*48	0	Cólera	4
4	0	*19	3	34	0	49	4	Vigor	26
5	4	20	0	35	0	50	0	Fatiga	0
6	0	21	0	36	2	51	0	Confusión	2
7	1	22	2	37	4	52	0		

8	3	23	3	38	0	53	2	Puntuación T	
9	0	24	2	39	0	54	0	Tensión	58
10	0	25	0	40	0	55	0	Depresión	40
11	0	26	0	41	0	56	3	Cólera	39
12	4	27	0	42	0	57	0	Vigor	68
13	2	28	0	43	0	58	0	Fatiga	35
14	0	29	2	44	0			Confusión	35
15	0	30	0	45	3			Confusión	101
	0		0		0				
Perfil hombres			Perfil mujeres						

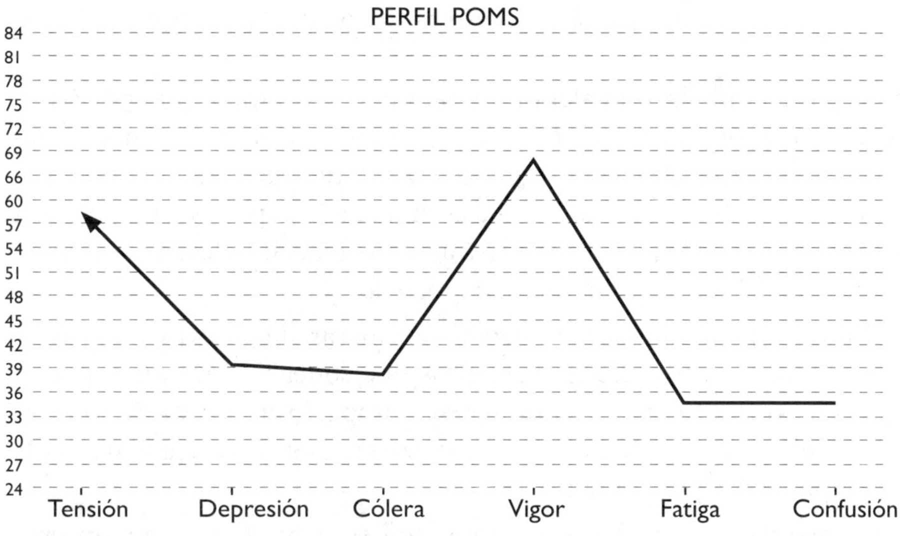

Fuente: Jaenes, 2011.

Evaluación teórica y portafolio de evidencias

El portafolio de evidencias debe contener los principios de los sistemas ofensivos y defensivos y el registro de lo que los alumnos han esquematizado sobre los movimientos y estrategias del baloncesto.

Lo anterior se puede evaluar con el cuadro 4.12.

Cuadro 4.12 Evaluación teórica				
Aspectos a evaluar	Excelente	Bueno	Suficiente	Insuficiente
Explica los principios ofensivos y defensivos				
Esquematiza los sistemas de juego				
Esquematiza las jugadas especiales				

Escala	Descripción
5	Siempre ejecuta los requerimientos planteados
4	Casi siempre ejecuta los requerimientos planteados
3	A veces ejecuta los requerimientos planteados
2	Casi nunca ejecuta los requerimientos planteados
1	Nunca ejecuta los requerimientos planteados

Se propone también un calendario para el entrenamiento deportivo y, como ocurre con otras asignaturas del currículo, en el entrenamiento deben fijarse tiempos de trabajo para alcanzar el dominio de las competencias y, finalmente, utilizarlas en una competencia deportiva. Concluidos los periodos de trabajo, se procederá a la construcción de un nuevo plan que culmine en otra competición deportiva.

Todos los planes de trabajo deben considerar el contexto, las problemáticas y las circunstancias específicas que rodean al alumno; de esta forma nuestras actividades tendrán mayor impacto en él. Esta es, como se ha señalado a lo largo de esta obra, una exigencia de la educación basada en competencias y del constructivismo.

La calendarización del entrenamiento deportivo representa un problema serio, porque el calendario escolar dificulta el cumplimiento de un plan de trabajo estricto. Revisemos el calendario del Colegio de Bachilleres correspondiente al ciclo 2011-B, contenido en la gráfica 4.2, para entender mejor los inconvenientes que se presentan en la planificación deportiva.

Los juegos de baloncesto entre los planteles del Colegio de Bachilleres se llevan a cabo en noviembre. Como los jóvenes entran a este deporte a finales de agosto y principios de septiembre, y todos son principiantes, resulta complicado hacer una programación deportiva donde se busca que los alumnos adquieran ciertas competencias para jugar un partido.

También hay que considerar el bajo número de estudiantes que pueden entrenar los cinco días de la semana. No todos pueden asistir a las prácticas; algunos deben apoyar a sus padres en la economía familiar, otros realizar labores en el hogar y otros más no cuentan con el apoyo de su familia para asistir a las prácticas. En muchas familias se sigue suponiendo que el deporte impide el máximo aprovechamiento escolar de sus hijos y que es una razón para no hacer tareas y, por ende, de reprobación.

Gáfica 4.2 Calendario escolar

Dados estos obstáculos, es difícil encontrar un modelo de planificación deportiva que se adapte a cualquier calendario escolar y que tome en cuenta las distintas circunstancias que rodean al alumno. Sin embargo, puede tomarse la planificación deportiva propuesta por Castejón Oliva y López-Ros como modelo de planificación deportiva integral.

El cuadro 4.12 resume el plan de trabajo, diseñado de acuerdo con el calendario escolar del Colegio de Bachilleres. Asimismo, en el cuadro 4.13 se muestra un ejemplo de sesión de entrenamiento.

Cuadro 4.

Competencia génerica	1. Se autodetermina y cuida de
Competencia disciplinar	Resuelve las tareas deportivas propias del basquetbol en
Periodo	Preparaatorio
Etapa	General
Mesociclo / **% de los componentes de la preparación deportiva**	**Entrante** Téc-40 Tác-40 Fis-10 Psi-5 Teó-52 · **Básico Desarrollador** Téc-40 Tác-40 Fis-15 Psi 2.5 Teó 2.5 · **Básico Estabilizador** Téc-40 Tác-40 Fis-15 Psi 2.5 Teó 2.5 · **Básico Desarrol** Téc-40 Tác-40 Fis-15 P
Competencia disciplinar extendida	1 2 3 4 5 6 7 8 9 11 12 13 14 15 4 6 8 9 10 15 16 22 25 28 29 30 31 21 7 23 8 10 26 27 28 29 30 31 1 3 5 21 23 31 0 31 30 29 27 28
Mes	Agosto · Septiembre
Microciclo	Ordinario · Ordinario · Choque · Resta · Choque · Restab. · Choque · Restab. · Choque · Restab. · Choque · Restab. · Cho
Sesiones	1 2 3 4 5 6 7 8 9 10 11 12 13 14 15 16 17 18 19 20 21 22 23 24 25 26 27 28 29 30 31 32 33 34 35 36 37 38 39 40 41 42 43 44 45 46 47 48 49 50 51
Escalas de apreciación y escala de percepción	
P.O.M.P	
Portafolio de evidencias	
Partidos	
Fundamentos individuales ofensivos	
Posición fundamental	
Desplazamientos sin balón	
Drible	
Pases	
Lanzamientos	
Fundamentos individuales defensivos	
Posición base	
Desplazamientos	
Fundamentos colectivos ofensivos	
2v2	
3vs3	
4va4	
R.R.	
Fundamentos colectivos defensivos	
2vs2	
3vs3	
4v4	
Defensa vs R.R.	
Sistemas	
Sistemas ofensivos	
Sistemas defensivos	
Preparación física	
Fuerza	
Adaptación anatómica	
Hipertrofia	
Fuerza máxima	
Potencia	
Potencia resistencia	
Resistencia	
Anaeróbica aláctica	
Anaeróbica láctica	
Aeróbica aciclica	
Flexibilidad	
Preparación psicológica	
Motivación	
Autoconfianza	
Estrés	
Atención	
Nivel de activación	
Cohesión de equipo	

lan de trabajo

lige y practica estilos de vida saludable

enor tiempo posible, aprovechando sus capacidades técnico-tácticas, físicas, psicológicas y teóricas

	Competitivo	Transición
Especial	Competitiva	Transición
.5 / **Básico Estabilizador Téc-40 Tác-40 Fis-20 Psi 7.5 Teó 2** / **Pre-Competitivo Téc Tác-40 Fis-80 Psi 15 Teó 5**	**Competitivo TécTácFis 70 Psi 15Teó 15**	**Restablecimiento Téc-40 Tác-20 Fis-15 Psi 2.5 Teó 2.5**

21	26	28	29	30	22	31	32	25	32	28	30	31	29	32	25	32		25,32			25,32	25,325,32	25,32	25,32	25,32	25,32			2	5	3	4	5	7	8	9	12	15		6	17	18

	Noviembre	Diciembre
ab. · Ordinario · Restab. · Aprox. · C.Restab.	C. Ordinario · Competencia · Competencia · Competencia	Restablecimiento · Ordinario

56	57	58	59	60	61	62	63	64	65	66	67	68	69	70	71	72	73	74	75	76	77	78	79	80	81	82	83	84	85	86	87	88	89	90	91	92	93	94	95	96	97	98	99	100	101	102	103	104	105	106	107	108	109	110	111	112

Cuadro 4.14 Sesión de entrenamiento

Institución	Colegio de Bachilleres	Deporte	Baloncesto
Rama	Varonil	Periodo	Preparatorio
Etapa	General	Mesociclo	Entrante
Microciclo	Ordinario	Sesión	8
Mes	Agosto	Competencia genérica	Elige y practica estilos de vida saludable.
Énfasis en la fase de juego	Ofensiva		
Situaciones de entrenamiento	1vs1		
Contenidos de entrenamiento	Drible, tiro en suspensión y tiro de entrada.		
Competencia disciplinar	Aplica la educación física para conservar y fortalecer su salud, autorregulando su desarrollo personal y social.		
Competencia disciplinar extendida	Selecciona uno o varios de los cuatro cambios de dirección para librarse de un defensa. Selecciona uno de los diversos tiros a la canasta teniendo en cuenta la posición del defensa.		
Conocimientos a desarrollar	Conceptual	Procedimental	Actitudinal/valoral
	Identifica qué cambio de dirección es más adecuado según las circunstancias del juego. Identifica qué tipo de tiro se debe realizar teniendo en cuenta la posición del defensa.	Ejecuta cambios de dirección para avanzar al aro. Ejecuta tiro en suspensión o entrada de acuerdo con la distancia a la que se encuentra el defensa.	Atención Colaboración Paciencia

Fase inicial del entrenamiento	Movilidad articular, trote con cambios de ejecución y estiramientos dinámicos.	Método	Dosificación 10′
Fase principal o intermedia del entrenamiento	Drible y cambio de dirección en un circuito de conos. Quitarse el balón entre todos; cambio de dirección al escuchar el silbato. Tiro de entrada con trabajo coordinativo de escalera. Pase y corte con tiro en suspensión. Drible y tiro en suspensión. 1vs1 con defensa pegada. 1vs1 pase y defensa del tiro en suspensión. 1vs1 pase con apoyo del entrenador. Solo se permite un bote por parte del jugador.	Método Estándar Variable Variable Estándar Estándar Estándar Combinado Variable	Dosificación 10′ 5′ 15′ 10′ 10′ 10′ 10′ 10′ 20′
Parte final del entrenamiento	Estiramientos estáticos	Método pasivo	Dosificación 5′
Instrumentos de evaluación	Escala de apreciación		
Material	Conos, balones de basquetbol, silbato		
Observaciones			

Desarrollo de los componentes de la preparación deportiva

Para desarrollar los componentes de la preparación deportiva (CPD), en esta propuesta de entrenamiento se siguen dos modelos: el modelo comprensivo constructivo integrado y el modelo Seirul-lo Vargas. Este último propone que los componentes condicionales (condición física), coordinativos (técnico) y cognitivos (táctica), deben trabajarse en interacción constante con el objetivo que se desea alcanzar. Esta interacción, además, debe enfocarse en la resolución de una tarea deportiva específica. En el modelo Seirul-lo Vargas se pone énfasis en la formación socioafectiva del jugador, la cual facilita el desarrollo de los CPD y fortalece la transversalidad de los saberes valorales y actitudinales que, como se mencionó, son dominios en los que puede brindar mayores aportaciones el entrenamiento escolar (Seirul-lo Vargas, 2003). A continuación, se explicará con más a detalle el desarrollo de los CPD.

Componente técnico-táctico

Castejón Oliva subraya que la preponderancia de la técnica o de la táctica dependerá de los objetivos de la sesión, el desarrollo de los alumnos y la problemática situada. En todo momento hay que buscar también que la práctica de los gestos motrices permita el pensamiento reflexivo y la toma de decisiones, elementos imprescindibles en la solución de tareas deportivas.

Debido a que los alumnos no asisten de manera regular a los entrenamientos, es complicado establecer un sistema de juego basado en la coordinación y el trabajo en equipo. Por esta razón, todas las actividades que se programen estarán encaminadas a construir jugadores capaces de adaptarse a los compañeros en curso. Por otro lado, los contenidos que hay que trabajar deben ser simulaciones altamente enriquecedoras para la toma de decisiones. Con estas consideraciones, Seirul-lo Vargas propone el juego libre por conceptos como un sistema para desarrollar las capacidades y los componentes, sin caer en la linealidad ni en soluciones cerradas.

Componente físico

Respecto al desarrollo de la resistencia aeróbica cíclica y la resistencia anaeróbica láctica, se trabajará en combinación con los fundamentos técnico-tácticos, tanto individuales como colectivos.

La fuerza se desarrolla con pesos libres en ejercicios multiarticulares y olímpicos. Se inicia con el fortalecimiento de ligamentos y tendones. Debido al tiempo tan corto en la planificación se omite la hipertrofia y se pasa a un entrenamiento basado en la conjunción de fuerza máxima y potencia. Este entrenamiento de fuerza solo lo realizarán los alumnos que puedan quedarse después de la sesión habitual. Para desarrollar la fuerza en los alumnos que no tengan tiempo para quedarse se utilizarán, durante la sesión, ejercicios de carga para brazos, piernas y tronco. La flexibilidad se trabaja después de los ejercicios de carga como medio de recuperación y relajación.

Componente psicológico

Este componente abarca las siguientes variables: motivación, estrés, atención, nivel de activación y cohesión de equipo (Becerril Rivera, 2008). Estas variables psicológicas se trabajan a lo largo de toda la temporada y con ayuda de técnicas del campo de la psicología, como el cuestionario POMS.

Componente teórico

En las sesiones de entrenamiento el alumno aprenderá los principios de los sistemas ofensivos y defensivos, las bases de los sistemas de juego y los parámetros de las técnicas y tácticas. Esta información deberá evaluarse por medio de un portafolio de evidencias.

Al analizar de manera global el medio deportivo del baloncesto estudiantil, consideramos que es sumamente complicado seguir las directrices metodológicas que marcan muchos teóricos del entrenamiento deportivo. Para construir un método de enseñanza adecuado es necesario tomar en cuenta todos los factores que pueden afectar las acciones que se desean emprender. Tampoco hay que olvidar que la enseñanza en el entrenamiento deportivo tiene un enfoque basado en competencias. Por tanto, el resultado obtenido en cualquier partido o torneo disputado no debe ser el único parámetro para determinar el desempeño de los jugadores. A fin de realizar una valoración adecuada del desempeño en el macrociclo, es necesario examinar el rendimiento con base en una cuantificación del rendimiento.

Utilizar el "éxito" o el "fracaso" de los alumnos para evaluar sus capacidades es una visión frívola que desestima el esfuerzo de los jóvenes por lograr un buen desempeño. Como entrenadores sabemos que el resultado de un encuentro es multifactorial y, en ocasiones, azaroso. El entrenamiento escolar basado en competencias debe distanciarse de este tipo de perspectivas y redimensionar el empeño de los alumnos mediante una revisión integral de los logros alcanzados durante las etapas preparatoria y competitiva.

En el cuadro 4.15 se presenta un ejemplo de una tabla de evaluación integral del desempeño deportivo. Esta tabla se muestra a los alumnos al finalizar el periodo competitivo para que identifiquen su progreso a lo largo de la temporada.

Cuadro 4.15 Evaluación del desempeño deportivo				
Desempeño general en el componente técnico-táctico	Excelente	Bueno	Suficiente	Insuficiente
Realiza acciones ofensivas y defensivas sin deterioro en sus gestos motrices	Excelente	Bueno	Suficiente	Insuficiente
Presiona al defensa sin deterioro en sus gestos motrices	Excelente	Bueno	Suficiente	Insuficiente
Realiza acciones explosivas sin perder la calidad de ejecución	Excelente	Bueno	Suficiente	Insuficiente
Ejecuta técnicas de alta exigencia física	Excelente	Bueno	Suficiente	Insuficiente

<table>
<tr><td>Explica los principios de los sistemas ofensivos y defensivos</td><td>Excelente</td><td>Bueno</td><td>Suficiente</td><td colspan="2">Insuficiente</td></tr>
<tr><td>Esquematiza los sistemas de juego</td><td>Excelente</td><td>Bueno</td><td>Suficiente</td><td colspan="2">Insuficiente</td></tr>
<tr><td>Esquematiza las jugadas especiales</td><td>Excelente</td><td>Bueno</td><td>Suficiente</td><td colspan="2">Insuficiente</td></tr>
<tr><td colspan="6">Evaluación mediante otros mecanismos</td></tr>
<tr><td>Test Course Navette</td><td colspan="3"></td><td colspan="2"></td></tr>
<tr><td>Test de salto vertical</td><td colspan="3"></td><td colspan="2"></td></tr>
<tr><td>Perfil POMS</td><td>Tensión</td><td>Cólera</td><td>Vigor</td><td>Fatiga</td><td>Confusión</td></tr>
<tr><td>POMS 1</td><td></td><td></td><td></td><td></td><td></td></tr>
<tr><td>POMS 2</td><td></td><td></td><td></td><td></td><td></td></tr>
<tr><td>POMS 3</td><td></td><td></td><td></td><td></td><td></td></tr>
<tr><td>POMS 4</td><td></td><td></td><td></td><td></td><td></td></tr>
<tr><td>POMS 5</td><td></td><td></td><td></td><td></td><td></td></tr>
</table>

La labor del docente/entrenador

Este último apartado tiene la intención de exponer la labor del docente/entrenador en el campo de la educación basada en competencias. Como comenta Palacios (1978), el profesor (de asignatura) rompe su imagen rígida y autoritaria y su gestión se vuelve más sensible y receptiva cuando asume plenamente su papel en el paradigma de la EBC; el papel de profesor es reemplazado por el de tutor, un orientador del saber cuyo trabajo no es aprobar o reprobar, sino comprender al estudiante y darle información que pueda servirle en sus tareas diarias.

Curiosamente, estas cualidades del docente son aspectos que ha cubierto y practicado el entrenador desde hace mucho tiempo. En su labor diaria los estudiantes establecen con él lazos de camaradería, afecto y confianza.

Ven en el entrenador una persona a la que le pueden contar sus problemas, sus inquietudes, sus aspiraciones. Los entrenadores tienen, por tanto, una posición privilegiada y de alta responsabilidad en la educación (y no tan solo deportiva) de los alumnos.

Considero que el entrenador ha conseguido ser ese docente que persigue la EBC, y su contribución a este enfoque educativo puede ser significativa al promover un aprendizaje que se centre en los procesos más que en los resultados. La formación deportiva del estudiante no debe valorarse por el hecho de ganar o perder un partido, sino en función de todo lo que se ha realizado hasta ese momento.

Cierro con una cita de Gandhi, que resume muchas de las ideas expuestas en este libro:

"Nuestra recompensa se encuentra en el esfuerzo y no en el resultado. Un esfuerzo total es una victoria completa."

Bibliografía

Alarcón, F., *Influencia de un programa de entrenamiento reflexivo sobre el conocimiento declarativo de un equipo de baloncesto,* V Congreso Ibérico de Baloncesto, CIB 2009, Universidad Católica San Antonio Murcia, Campus de los Jerónimos, España, 2009.

Alarcón, F., *La mejora de la capacidad de atención selectiva del jugador de baloncesto a través de la enseñanza orientada al aprendizaje táctico,* Universidad Católica San Antonio, Facultad de Ciencias de la Actividad Física y el Deporte, 2010.

Aldana, G. y J. Ruiz, *La formación por competencias y la calidad de la educación. Teoría y praxis investigativa,* vol. 5, núm. 1, Centro de Investigación y Desarrollo, Fundación Universitaria de Área Andina, 2010.

Ander Egg, E., *La planificación educativa,* Ed. Magisterio del Rio de la Plata, http://www.terras.edu.ar/jornadas/8/biblio/8ANDER-EGG-Ezequiel-cap5-Que-como-y-cuando-hay-que-evaluar.pdf, consultado el 5 de agosto de 2011, 1993.

Ángeles, O., *Enfoques y modelos educativos centrados en el aprendizaje,* Documento 4, Alternativas en la evaluación de los aprendizajes. La evaluación en los enfoques centrados en el aprendizaje, 2003.

Ángeles, O., *Enfoques y modelos centrados en el aprendizaje,* Documento 2, El proceso educativo desde los enfoques centrados en el aprendizaje, 2003.

Añorve Añorve, G. Guzmán, *Instrumentos de evaluación, Especialidad en competencias docentes para la educación media superior,* 2010.

Becerril, C., *Curso* "Preparación mental para la competencia", Centro de Educación Continua de Estudios Superiores del Deporte, UNAM, México, 2010.

Blanco, O., "Tendencias en la evaluación de los aprendizajes", *Revista de teoría y didáctica de las ciencias sociales*, enero-diciembre, número 009, Universidad de los Andes, Mérida, Venezuela, http://redalyc.uaemex.mx/redalyc/pdf/652/65200907.pdf, consultado el 05 de agosto de 2011, 2004.

Bravo, A. y J. Fernández, "La evaluación convencional frente a los nuevos modelos de evaluación auténtica", Universidad de Oviedo, *Psicothema,* Vol. 12, Supl. 2, pp. 95-99, 2000.

Calendario Escolar Bachilleres (n.d) <http://www.cbachilleres.edu.mx/cb/enlaces_internos/calendario_escolar/imagenes/CALENDARIO_11_12.jpg, consultado el 10 de octubre de 2011.

Carbajo, C., *Diez nuevas competencias para enseñar,* Perrenoud, PH. Education, núm. 23, 2005.

Cárdenas, D., *El proceso de formación táctica colectiva desde la perspectiva constructivista, Revista Wanceulen E.F. Digital*, 2010.

Ciro, J., *Evaluación Fisiológica del rendimiento humano en deportes de conjunto*, Curso a distancia de entrenamiento físico en deportes de conjunto, www.sobreentrenamiento.com, 2008.

Comisión Europea, Dirección General de Educación y Cultura, Puesta en práctica del programa de trabajo, Competencias clave para un aprendizaje a lo largo de la vida, un marco referencia europeo, noviembre de 2004, 2010.

Del Río, N. (n.d), Bordado sobre zona de desarrollo próximo, http://educacion.jalisco.gob.mx/consulta/educar/09/9riolugo.html, consultado el 10 de agosto de 2011.

Díaz, B., F. y R.G. Hernández, *Estrategias docentes para un aprendizaje significativo*, McGraw Hill, México, 1999.

Eiroá, J., *Deportes de equipo,* Ed. INDE, España, 2000.

Forteza de la Rosa, A., *Direcciones del entrenamiento deportivo,* Ed. Científico-Técnica, La Habana, 1999.

García, J., Indicadores del rendimiento académico como criterios para la evaluación de la calidad. Obtenida el 28 de agosto de 2008, http://www.monografias.com/trabajos71/indicadores-rendimiento-academico-evalucion-calidad/indicadores-rendimiento-academico-evalucion-calidad.shtml

Gentile, P. y R. Bencinir (n.d), Construire des compétences. Entretien avec Philippe Perrenoud, Université de Genève, http://www.unige.ch/fapse/SSE/teachers/perrenoud/php_main/php_2000/2000_30.html, consultado el 30 de julio de 2011.

Gil, L. (n.d.), *Las competencias docentes en la educación media superior,* http://www.docstoc.com/docs/39999107/LAS-COMPETENCIAS-DOCENTES-EN-LA-EDUCACI%C3%93N-MEDIA-SUPERIOR, consultado el 23 de julio de 2011.

Gutiérrez, M. y G. Castañeda, *Propuesta teórica de evaluación en la Educación Basada en Competencias,* Hospital de Especialidades CMN "La Raza", 2001.

Hernández, G., *Paradigmas en psicología de la educación,* Ed. Paidós educador, México, 1998.

Iglesias, D. (n.d.), *Efecto de un protocolo de supervisión reflexiva sobre el conocimiento procedimental, la toma de decisiones, y la ejecución, en jugadores jóvenes de baloncesto,* Universidad de Extremadura, Departamento de Didáctica de la Expresión Musical, Plástica y Corporal.

Jaenes, J., Programa P.O.M.S., Master en ciencias del ejercicio y el deporte, Universidad Pablo De Olavide, Sevilla, Universidad de Puebla, 2011.

Jiménez, C., "Evolución de un modelo de competición en una escuela de baloncesto formativo", *Revista Wanceulen E.F. Digital, 2010.*

Jiménez, C. y A. Lorenzo, *Las tomas de decisiones de las jugadoras de la selección nacional de baloncesto durante la competición*, Facultad de Ciencias de la Actividad Física y el Deporte-INEF de la Universidad Politécnica de Madrid, 2008.

Jorba, Jaume y Neus Sanmartí, *La función pedagógica de la evaluación,* Universidad Autónoma de Barcelona, http://bochosupn.comule.com/files/JORBA%20Y%20SANMARTI%20la%20funcion%20pedag%20de%20la%20eval%202.pdf, consultado el 05 de agosto de 2011, 1993.

Lobato, C. (n.d.), *Test de Campo. Entrenador.* CAI-Gymnástica Portuense, http://www.desdeelbanquillo.es/articulos/testdecampo.pdf, consultado el 30 de septiembre de 2011.

Marchat, J. y A. Pérez (n.d), *La evaluación de actitudes y valores,* Universidad de Santiago de Chile, Facultad de Humanidades, Magister en educación, Transversalidad y valores en el desarrollo del curriculum y la evaluación, edupro.files.wordpress.com/2008/01/_5instrumentos_para_evaluar_actitudes_y_valores.doc, consultado el 07 de agosto de 2011.

Modelo Académico, Colegio de Bachilleres, Secretaría General, Dirección de Planeación Académica, 2010.

Moyano, M., *Metodología del entrenamiento de la fuerza con orientación al incremento de la masa muscular,* Curso a distancia de entrenamiento físico para la estética corporal, www.sobreentrenamiento.com, 2010.

Naclerio, F., *Evaluación y planificación del entrenamiento de la fuerza en deportes de conjunto, Curso a distancia de entrenamiento físico en deportes de conjunto,* www.sobreentrenamiento.com, 2008.

Obaya, A., *La concepción constructivista en la educación basada en competencias,* FES-Cuautitlán UNAM, 2000.

Palacios, J., *La cuestión escolar: críticas y alternativas,* Editorial Laia, Barcelona, 1978.

Piñar, I. y D. Cárdenas, *La competición como herramienta, Diferentes propuestas en minibasket*, Wanceulen E.F. Digital.

Presidencia de la República, Plan Nacional de Desarrollo 2013-2018, 2013.

Prieto, M. (n.d.), *Situación problema, Competencias para la educación media superior, Especialidad en competencias docentes,* UPN.

Rodrigues, M., *La teoría del aprendizaje significativo en la perspectiva de la psicología cognitiva,* Ed. Octaedro, Barcelona, 2008.

Rogers, Carl R., *Psicoterapia centrada en el cliente,* Paidós, Buenos Aires, Argentina, 1977.

Sánchez, J., "Percepción y reacción de los entrenadores ante conductas inapropiadas de los jugadores", *INDEref - Revista de Educación Física,* 2009.

Secretaría de Educación Pública, Programa Sectorial de Educación 2013-2018, 2013.

Secretaría de Educación Pública, Modelo Educativo para la Educación Obligatoria, 2017.

Secretaría de Gobernación, Decreto DOF 03-08-2013, por el que se aprueba el Programa para un Gobierno Cercano y Moderno 2013-2018, 2013.

Seiru.lo, V., *Una línea de trabajo distinta,* I Jornada de Actualización de Preparadores Físicos, 2000.

Seiru.lo, V., *Sistemas dinámicos y rendimiento en deportes de equipo,* 1st Meeting of Complex Systems and Sport, INEFC-Barcelona, 2003.

Sistema Nacional de Bachillerato, Reforma integral de la educación media superior, Especialización en educación por competencias por la Universidad Pedagógica Nacional, www.cosdac.sems.gob.mx, 2008.

Subsecretaría de Educación Media Superior, Acuerdo 442, por el que se establece el sistema nacional de bachillerato en un marco de diversidad, 2008.

Subsecretaría de Educación Media Superior, Acuerdo 447, por el que se establecen las competencias docentes para quienes impartan educación media superior en la modalidad escolarizada, México, 2008.

Subsecretaría de Educación Media Superior, Acuerdo 444, por el que se establecen las competencias que constituyen el marco curricular común del Sistema Nacional de Bachillerato, México, 2009.

Thierry, G. (n.d.), *La formación profesional basada en competencias,* http://www.jupa.unrc.edu.ar/unrc/academica/pdf/form-prof-competencias.pdf, consultado el 22 de julio de 2011.

Tobón, S., *Aspectos básicos de la formación basada en competencias,* Talca, Proyecto Mesesup, 2006.

Vargas, X., *El aprendizaje y el desarrollo de las competencias,* http://www.arquepisteme.iteso.mx/reportesobrelascompetencias.doc, consultado el 03 de agosto de 2011, 2005.

Yáñez, J., *La enseñanza del juego colectivo en educación secundaria: La utilización de procesos de transferencia para el aprendizaje de soluciones tácticas,* Universidad Complutense de Madrid, Facultad de Educación, Departamento de Expresión Musical y Corporal, 2004.

Anexo I
Panorama actual de la educación en México

Sin duda, algo que ha caracterizado a los últimos ejercicios de transición en el poder es el desarrollo de planes y estrategias para reformar el sistema educativo de nuestro país. Sin la intención de politizar, es importante entender cómo se han llevado a cabo estos mecanismos y cuáles son los argumentos que se han utilizado para poner en marcha estos proyectos.

El 20 de mayo de 2013 se decreta el Plan Nacional de Desarrollo 2013-2018 (Decreto DOF 03-08-2013), plan cuyos propósitos establecen estrategias para potencializar el crecimiento de México. En esta línea de trabajo se diseñó con particular énfasis la meta de un "México con educación de calidad", la cual debe empatizar con las exigencias de un mundo globalizado. Por consiguiente, es imprescindible invertir en ciencia y tecnología, así como en la formación de capital humano que tenga la capacidad no solo de aplicar sino de innovar el saber.

Se destaca que la formación de los jóvenes debe ser integral, considerando para esto un desarrollo afectivo, intelectual, deportivo y artístico. Esta educación estará conectada con el desarrollo científico, tecnológico y el productivo. El impulso de estas acciones permitirá que el país se aproxime a los estándares de calidad que promueve la Organización para la Cooperación y el Desarrollo Económicos (OCDE).

Para establecer un diagnóstico del panorama educativo, se han tomado como referencia indicadores de rendimiento académico como la eficiencia terminal en todos los niveles de educación, así como los resultados obtenidos en pruebas internacionales como PISA (Programa para la Evaluación Internacional de los Estudiantes, por sus siglas en inglés), los cuales no son los deseados.

Por otra parte, se considera indispensable profesionalizar la práctica docente y el personal administrativo, fomentar la actualización y mejora constantes, y refinar los criterios de selección y formación. Asimismo, se resalta el deseo de atender y corregir las deficiencias existentes entre los sistemas educativos y sus conexiones con el campo laboral, ya que los primeros actualmente no brindan las herramientas suficientes para desempeñarse de forma adecuada en el segundo.

En lo referente a la evaluación, desde el 8 de agosto de 2002 se creó el Instituto Nacional para la Evaluación de la Educación Docente (INEE) con el objetivo, desde la perspectiva gubernamental, de mejorar y fortalecer los procesos de intervención de enseñanza y aprendizaje, y obtener una visión más clara de la realidad del sistema educativo. Para tales cometidos se utilizaron pruebas como ENLACE y el programa PISA, entre otros más. Siguiendo esta línea de trabajo, con la intención de afianzar y potencializar al INEE, en 2013 el Ejecutivo le otorgó por reforma constitucional la facultad de autonomía.

En lo referente a la ciencia y la tecnología, las estadísticas marcan los grandes rezagos que existen en México: no se alcanza ni siquiera el 1% en contribución de conocimiento a nivel mundial. El número de investigadores y doctores graduados es insignificante en comparación con los de los países desarrollados, lo cual se traduce en una inversión de 0.5% del PIB en lo referente al desarrollo de la ciencia, la tecnología y la innovación. Esta cifra incluso es la más baja de los países incorporados a la OCDE y naciones que destacan en este rubro, cuya inversión supera o iguala el 1% del PIB. Por tanto, si se desea cambiar este panorama, es fundamental establecer líneas más claras y sólidas que vinculen a la ciencia y la tecnología con la inversión pública y privada, lo que a su vez impulsará la productividad nacional.

Un tema a resaltar es la relevancia que da el Plan Nacional de Desarrollo a las relaciones que deben generarse entre la educación, la cultura y el deporte para una formación integral. En relación con este último y porque es materia de revisión en este libro, la actividad física se considera como herramienta transmisora de valores y formadora de líderes, y como medio para el bienestar social y generador de salud, ya que, como lo demuestran investigaciones efectuadas por el Programa de las Naciones Unidas para el Desarrollo, "cada peso que se invierta en actividades físicas se traduce en un ahorro de 3.20 pesos de gasto médico en el futuro" (Presidencia de la República, 2013:63). Vislumbrada esta idea, se vuelve más necesario identificar puntualmente las virtudes que ofrece el deporte orientado en un sistema educativo por competencias, que a su vez maximizará y fortalecerá su existencia.

Tres ejes fundamentales

En concreto, esta reforma se apoyó en tres ejes fundamentales, analizados a continuación.

Que los alumnos sean educados por los mejores maestros

Esto indica que los sistemas de selección y formación docentes serán afinados y profesionalizados.

La evaluación como instrumento para medir la calidad de la enseñanza

Para ello el INEE tendrá facultades autónomas de gestión.

Educación como responsabilidad compartida

Se tomarán decisiones horizontales, es decir, las acciones que se emprendan considerarán la participación y colaboración de padres, docentes, alumnos y directivos de acuerdo con el contexto en que se encuentren.

Educación de calidad

De igual forma, para lograr la educación de calidad (Programa Sectorial de Educación, 2013) trazada en el Plan Nacional de Desarrollo (PND), se plantearon los siguientes objetivos:

1. Asegurar la calidad de los aprendizajes en educación básica y la formación integral de todos los grupos de la población

2. Fortalecer la calidad y pertinencia de la educación media superior, superior y formación para el trabajo, a fin de que contribuya al desarrollo de México
3. Asegurar mayor cobertura, inclusión y equidad educativa entre los grupos de la población para la construcción de una sociedad más justa
4. Fortalecer la práctica de actividades físicas y deportivas como un componente de la educación integral
5. Promover y difundir el arte y la cultura como recursos formativos privilegiados para impulsar la educación integral
6. Impulsar la educación científica y tecnológica como elemento indispensable para la transformación de México en una sociedad del conocimiento

De acuerdo con el PND, estos objetivos se alcanzarán con diferentes líneas de acción, de las cuales se describirán las marcadas en el objetivo 4, ya que por la naturaleza de este libro se considera que deben ser atendidas y revisadas.

El objetivo 4, orientado a la práctica de actividades físicas y deportivas para complementar una educación integral, busca establecer nuevas estrategias de colaboración entre la CONADE y la SEP para que esta materia adquiera una posición más relevante en los sistemas educativos. Con ello se pretende:

- Elevar el nivel de enseñanza-aprendizaje de los profesionales encargados de transmitir este saber
- Ampliar la cobertura de la práctica deportiva en zonas mar ginadas
- Promover la actividad física con igualdad de género
- Establecer ambientes de aprendizaje idóneos para su práctica en horarios extraescolares
- Desarrollar estrategias pertinentes para la participación de jóvenes en eventos deportivos sin que esto afecte su labores académicas
- Identificar los instrumentos adecuados para detectar e impulsar a talentos deportivos

Ante estas consideraciones, es el momento de presentar una justificación enmarcada en el enfoque de educación por competencias a las actividades físicas y deportivas, pues esto le dará verdadera trascendencia en su práctica al desarrollo del SER.

Perspectiva crítica

La educación de calidad descrita en el PND identifica la razón de una reforma en este sector, originada por los bajos resultados alcanzados de acuerdo con los parámetros internacionales como los que marca la OCDE. Sin embargo, esta puede ser una visión simplista que puede caer en la credencialización; es decir, muchos de los datos identificados en el PND muestran un bajo nivel de aprovechamiento y rendimiento académico, pero estos parámetros son escuetamente cuantitativos. La eficiencia terminal, eficiencia vertical, deserción, repitencia, promoción sobre matrícula, entre otros tantos, solo nos muestran una parte de la realidad que se vive (García J.).

El grave problema radica en enfocarse exclusivamente en estos parámetros, pues si se determina que el desarrollo de un país es determinado únicamente por estadísticas, se terminarán estableciendo políticas resultadistas poco transcendentes. Es decir, al apoyarse solo en este tipo de datos, las estrategias de acción pueden caer estrictamente en cambiar números sin el verdadero trasfondo; incrementar la eficiencia terminal únicamente para mejorar ese indicador; aprobar alumnos en forma indiscriminada para optimizar el aprovechamiento docente, titular licenciados, maestros y doctores solo para impactar en las cifras y complacer las presiones políticas sin generar un verdadero cambio sustancial.

Este camino es más peligroso pues se corre el grave riesgo de tener, además de estadísticas negativas, estadísticas positivas con realidades disfrazadas, que dificultarán aún más establecer un verdadero diagnóstico para cambiar el rumbo.

El problema de la credencialización es un asunto que suele criticarse a la educación enfocada en competencias, pues se argumenta que establecer políticas que obliguen a la actualización constante, terminará por generar profesionales visionados en aprobar cursos por requisito y no por conocimiento asimilado. Ciertamente, este es un grave problema, porque no se entiende y aplica el verdadero sentido de la competencia; es decir, se necesita ir un paso más adelante que limitarse a rellenar cifras, adquirir cursos, o seguir procedimientos. En palabras de Tobón (Aldana, 2010), la educación por competencias se integra principalmente desde cuatro diferentes perspectivas:

- Funcionalista. Que alude a la descripción detallada de características del individuo para llevar a cabo ciertos problemas.
- Conductual. Que se orienta al estudio del comportamiento frente a diferentes estímulos.
- Constructivista. Que busca el pensamiento, la reflexión y la resolución de conflictos cognitivos.
- Socio formativo. Que dimensiona el empleo del conocimiento empleando la ética y su impacto en la sociedad.

Estos enfoques no deben contemplarse ni aplicarse de manera aislada. El conflicto consiste en establecer abordajes y juicios simplistas a estas perspectivas.

Por lo anterior, una educación por competencias y una educación de calidad vista desde el PND, no podrán adquirir el carácter transformador que se les pretende dar, si no se toma en cuenta que los indicadores cuantitativos que se manejan actualmente deben complementarse con criterios cualitativos, análisis sensibles, profundos y contextualizados de las realidades de cada espacio de enseñanza–aprendizaje en los que se desea impactar. Olvidar u obviar esto generará precisamente una paradoja, en la que la supuesta educación por competencias nos lleve precisamente a donde no está la educación por competencias.

Anexo 2
El nuevo modelo educativo y el deporte estudiantil

Como derivado de la reforma educativa de 2012 (Secretaria de Educación Pública, 2017) surge el nuevo modelo educativo, cuyos propósitos primordiales son: lograr que los jóvenes aprendan a aprender, y asegurar que la educación funcione como un mecanismo eficaz para reducir la brecha producto de desigualdades sociales.

Este modelo se rige por los cinco ejes siguientes:

- *Planteamiento curricular*. Se refiere a la posibilidad de las instituciones de adaptar los conocimientos, de acuerdo con el contexto en el que se encuentran inmersas, el desarrollo socioemocional de los estudiantes y la integración de saberes.
- *La escuela al centro del sistema educativo*. Se refiere a la transmisión y la organización de los saberes con sentido horizontal; gestiones docentes y directivas con menos carga administrativa; óptimo manejo de las TICs; una infraestructura de calidad, así como una mayor colaboración y retroalimentación entre los padres de familia y las instituciones.
- *Formación y desarrollo profesional de los maestros*. Se trata de un enfoque docente al aprendizaje de los alumnos y sus necesidades; la sensibilización de los saberes curriculares respecto al contexto y el entorno educativos, y la capacitación y evaluación constantes del cuerpo docente.
- *Inclusión y equidad*. Desarrollo de estrategias que permitan la colaboración, la permanencia y la culminación de estudios para todos.
- *Gobernanza del sistema educativo*. Coordinación entre todos los agentes encargados y involucrados en el proceso educativo (padres de familia, entidades federativas, docentes e instituciones de evaluación entre otros) para la óptima consecución de objetivos.

En el nuevo modelo educativo es importante identificar la función y el papel que desempeña cada agente participante en la compleja red de este proceso. De esta forma, el actuar de cada saber no debe quedar ocioso; su existencia tiene que obedecer al fortalecimiento y el desarrollo de dicho modelo.

Lo anterior refleja las grandes posibilidades de las que dispone el deporte estudiantil de convertirse en un actor de mayor protagonismo en este naciente panorama, ya que su práctica con la orientación oportuna permite un alto desarrollo socioemocional.

Las situaciones y los ambientes que se presentan en el entorno deportivo están fuertemente cargados de interacción social y exigen una alta competencia, respeto, tolerancia y capacidad de diálogo. A su vez, los acontecimientos en el terreno de entrenamiento y juego demandan que los jóvenes aprendan a comunicarse en distintos momentos emocionales. Por ello, conviene que el estudiante aterrice todos los puntos mencionados con una pregunta: "¿Cómo conseguir una retroalimentación que genere efectos positivos ante un fin común?", y, aunque la respuesta podría parecer sencilla, la inestabilidad de las emociones propias de la edad ponen en riesgo la resolución.

Saber interactuar considerando diversos estados de ánimo con el fin de establecer relaciones sociales sanas es una tarea complicada, pero, como ya mencionamos, el deporte estudiantil brinda un alto bagaje de situaciones que plantean un reto para esas habilidades. En consecuencia, el abordaje correcto por parte de un docente/entrenador del deporte facilitará la consecución del planteamiento requerido por el nuevo modelo educativo.

Por otra parte, sin duda, una de las tareas más arduas es la participación y la integración de los padres en los procesos educativos. De nuevo, el deporte estudiantil puede servir como un medio excelente para establecer los canales de comunicación y acercamiento de los padres de familia, tanto con las instituciones educativas como con sus hijos. Sin embargo, esto no se alcanzará con la mera aplicación del deporte, sino con y por el desarrollo de programas deportivos de entrenamiento, efectuados con profesionales de formación pedagógica, con los saberes para establecer un enfoque humanista, orientado en el sujeto y no en el resultado, que exalte valores sociales y fomente una formación horizontal con colaboración integral.

Otro punto por destacar es el alto valor del deporte en lo que respecta a la permanencia y el egreso de los estudiantes. Insisto, el simple hecho de hacer deporte en un plantel educativo no será el único factor que influya en la estancia y término de estudios de un alumno, pero sí contribuirá a generar –mediante programas de colaboración de todos los interesados– ambientes educativos más amigables que estimulen la trayectoria de un joven por el sistema educativo.

Por dichos motivos, como entrenadores nos encontramos en un punto crucial de este proceso educativo. En esta nueva era, nuestra misión consiste en contar con los conocimientos integrales que las reformas actuales demandan, para desarrollar programas de deporte estudiantil que justifiquen nuestra existencia y nos coloquen como elementos indispensables que deben ser considerados en el nuevo modelo educativo.

En consecuencia, este libro ofrece estrategias, enfoques y modelos que ayudarán al entrenador a respaldar su labor desde la perspectiva que exige el sistema educativo.

Esta obra se terminó de imprimir
en octubre de 2017, en los Talleres de

IREMA, S.A. de C.V.
Oculistas No. 43, Col. Sifón
09400, Iztapalapa, D.F.